面向“十二五”全国职业院校学前教育专业规划教材

U0826852

学前儿童科学教育

杨　丽　主编

中央廣播电視大學出版社

北　京

图书在版编目（CIP）数据

学前儿童科学教育 / 杨丽主编．—北京：中央广播电视大学出版社，2011.12
面向“十二五”全国职业院校学前教育专业规划教材
ISBN 978-7-304-05352-9

Ⅰ．①学… Ⅱ．①杨… Ⅲ．①学前儿童—科学教育学—高等职业教育—教材 Ⅳ．①G613

中国版本图书馆 CIP 数据核字（2011）第 257420 号

面向“十二五”全国职业院校学前教育专业规划教材
学前儿童科学教育
杨　丽　主编

出版·发行：中央广播电视大学出版社
电话：营销中心：010-58840200　总编室：010-68182524
网址：http://www.crtvup.com.cn
地址：北京市海淀区西四环中路 45 号
邮编：100039
经销：新华书店北京发行所

策划编辑：苏　醒　　责任编辑：谷春林
印刷：北京市全海印刷厂　　印数：0001～3000
版本：2011 年 12 月第 1 版　　2011 年 12 月第 1 次印刷
开本：787×1092　1/16　　印张：8.5　字数：196 千字

书号：ISBN 978-7-304-05352-9
定价：20.00 元

（如有缺页或倒装，本社负责退换）

《学前儿童科学教育》

编写人员

主　编：杨　丽

副主编：王　冰　乔惠超

编　委：郭　倩　赵中玉　顾飞飞　李民凯

江君雷　尹　凡　周　良　李会平

张玉静　李　旋　郝文娣　杜林贤

李　静

前　言

为了适应我国当前学前儿童教育改革与发展的要求，以新的教育理念和方法培养合格的幼儿园师资，我们根据教育部颁布的幼儿师范学校课程方案和《幼儿园教育指导纲要（试行）》的精神，组织高等师范院校和幼儿师范学校的教师及其他教育研究人员编写了这套新的幼儿师范学校教材。

这套教材共9本，分别为《学前儿童教育学》《学前儿童心理学》《学前儿童卫生与保健》《学前儿童科学教育》《学前儿童美术教育》《学前儿童语言教育》《学前儿童音乐教育》《学前儿童社会教育》和《学前儿童游戏》。这套教材既可作为职业院校学前教育专业和幼儿园教师继续教育的教学用书，也可作为相关专业人员或幼儿家长的参考用书。

这套教材在编号过程中，突出了以下特点：

(1) 理论领先。教材吸收了当代学前教育理论与实践研究的最新成果。

(2) 注重实践。教材中呈现丰富的实践范例，突出其系统性、实用性和操作性。

(3) 语言朴实。教材所用语言表述简明易懂，深入浅出。

(4) 大胆创新。教材内容结构多元化创新，方便教师的使用与操作；开放性的争议理论供教师和学生思考、讨论。

《学前儿童科学教育》是这套教材中的一本。全书共分7章，第一章介绍了科学的本质和学前儿童科学教育的内涵；第二章至第四章论述了《幼儿园教育指导纲要（试行）》下学前儿童教育的目标、内容及教学设计；第五章重点阐述了学前儿童科学教育的方法；第六章和第七两章介绍了学前儿童科学教育的资源环境和评价体系。

在编写过程中，我们参考了大量书籍和论文，对于这些文献的作者，在此表示衷心的感谢。

由于编者水平有限，书中难免有不妥之处，敬请广大读者批评指正。

编　者

目　录

第一章　学前儿童科学教育概述

学习目标

- 理解科学的概念及特征。
- 把握学前儿童科学教育的内涵。
- 明确各年龄段学前儿童科学教育的特点。
- 了解我国及西方国家学前儿童科学教育的发展历程。

第一节　学前儿童科学教育的内涵

一、科学的概念

学前儿童科学教育的进行，与人们如何看待“科学”是密切相关的，因此，在学习学前儿童科学教育之前，首先要弄清什么是“科学”。

（一）什么是科学

“科学”是从中世纪的拉丁文 scientia 演变而来的，其原意为“学问”“知识”。以后，英文中的 science，以及德文、法文中的“科学”一词均由此衍生而来。在中国，科学一词起源于中国古汉语，原意为“科举之学”，宋朝陈亮在《送叔祖主筠州高要簿序》中说：“自科学之兴，世之为士者往往困于一日之程文，甚至于老死而或不遇。”科，单独有分类，条理，项目之意，学则为知识，学问。19 世纪日本著名科学启蒙大师福泽瑜吉把 science 译为“科学”。1893 年，康有为在翻译介绍日本的书目时，引进并使用了“科学”这个词。1896 年，严复在翻译《天演论》和《原富》这两部著作时，也把 science 翻译成了“科学”。从此以后，更多的学者开始使用“科学”这个词汇。

要阐明“科学”的概念，须从以下几方面去理解：

第一，科学是人们对客观世界的认识，是一种反映客观事实和规律的知识体系。

早在 1888 年，首创进化论学说的生物学家达尔文就以自己的感受给科学下了定义：“科学就是整理事实，以便从中得出普遍的规律或结论。”科学就是发现人们未知的事实。科学发展到今天，已经不是事实和规律的简单组成，而是由这些知识单元组成学科，学科又组成学科群，形成了一个多层次的体系。从整体看，科学分为自然科学、社会科学和思维科学等。20 世纪 90 年代联合国教科文组织（United Nations Educational，Scientific and

Cultural Organization，UNESCO）重新明确了科学的范围。按照其给出的定义，科学包括自然科学和人文社会科学两大体系。科学教育中的科学是指知识体系中的自然科学部分。

第二，科学是一种集探索、解释和检验于一体的认识活动，反映了人类探索世界、获取知识的过程。

从静态的角度分析，科学是反映自然、社会和思维的知识体系。从动态的角度分析，科学又是一种动态的活动，是人的一种特殊的活动。它是以事实为依据、以发现规律为目的的社会活动。此类活动是通过各种手段去感知客观事物，在大量感性经验的基础上，再运用理论思维去把握事物的本质。

第三，科学还是一种看待世界的方法和态度。

对科学的认识，除以上两个方面以外，还有一种更广义的理解，那就是将科学看做一种对世界的基本看法和态度，即科学精神与科学态度。科学精神是人们在长期的科学实践活动中形成的共同信念、价值标准和行为规范的总称。科学态度包括：实事求是、不主观臆断、不弄虚作假；严谨踏实、勤奋努力、一丝不苟、精益求精；谦虚谨慎、乐于并善于合作；热情自信，乐于参与科学的学习与实践活动，并从中得到乐趣和满足；有高度的责任感，有坚强的意志品质，表现出高度的独立性、果断性、坚持性等方面。科学态度和科学精神都是属于科学的精神本性。

（二）科学的特征

1．科学具有客观性

客观性是科学的本源，一切科学精神都由此而派生。

2．科学具有可验证性

验证科学常用的方法包括：通过实验室试验论证或模拟试验直接论证；利用自然环境进行各种因素的观察和分析；触类旁通和举一反三，取得旁证。

3．科学具有严谨性

孔子有句名言："知之为知之，不知为不知，是知也。"把真知和不知以为知摆在一起看，是知识是否科学性的一个分界线。

4．科学具有抽象性

为了认识事物的本质，必须进行正确的、有效的抽象，即将事物进行"三化处理"（简单化、理想化、典型化），把次要的、非本质的、关系不密切的因素尽量清除掉。否则，杂七杂八的因素都混在一起，既不便于研究问题，更难以发现本质。

5．科学具有联系性

科学理论不是只言片语，而是沿着由简单到复杂、由分析到综合、由局部到整体、由低级到高级之路循序发展起来的连绵不断的庞大理论体系，其中任何一个细节都不可能从整体中孤立出来。

（三）科学的功能

科学是社会系统中的一个子系统。科学有自身的相对独立性和固有的发展逻辑，但它不可避免地也要受到社会其他子系统的制约。社会各子系统对科学的制约有两重性：它或者阻碍、延缓科学的发展，或者促进、加速科学的发展；至于最终的结果如何，就要视社会各子系统对科学作用的“合力”的方向和大小了。由此可见，研究科学与社会之间错综复杂的相互作用和相互关系，不仅具有深刻的理论意义，而且也具有重大的现实意义。

二、学前儿童与科学教育

（一）什么是科学教育

随着科学技术的迅猛发展，科学教育的内涵不断地丰富，外延也不断地扩大。

19 世纪中叶，英国哲学家和社会学家斯宾塞的《什么知识最有价值》突出了科学知识的价值，第一个系统阐述了其科学教育思想，同时，著名科学家赫胥黎也尖锐地批评传统的古典教育，强调科学知识的教育。从这一时期看，科学教育主要强调“知识系统”和“生产力因素”内涵。20 世纪 60 年代以后，世界各国之间的竞争主要是科学技术的竞争，而科学技术竞争的关键是教育。80 年代以后，人们对科学教育的认识又有了新的变化。英国著名科学教育学者弗雷泽在《科学教育的概念》一书中，把追求知识、掌握技能、理解科学现象和发展学生的优势作为科学教育的 4 个目标。综合上述观点，可知，科学教育是教育的一个组成部分。它涵盖了幼儿园的科学领域教育，小学的数学、自然科学教育，中学的数学、物理、化学、生物、地理和计算机等教育，大学各个学科进行的自然科学专业教育。

我国科学教育的基本目标有 3 方面的内容：科学知识技能、科学方法和科学精神。科学教育不仅要使学生掌握科学知识技能、科学方法及技术，而且能应用这些来了解环境、关怀社会、解决问题，不断地自求进步，掌握更多的操作技巧，并具有乐观积极的科学精神。

（二）学前儿童科学教育的特点

就广义而言，学前儿童科学教育是指一切促进学前儿童学习科学的教育活动。它包含了家庭、社会、幼儿园等各类施教者对学前儿童进行的科学启蒙教育。但在这里，所阐述的学前儿童科学教育主要是指幼儿园的科学教育，它和其他教育领域如语言、健康、社会、美术、音乐等共同构成幼儿园的课程，促进儿童在各个方面获得发展。与其他年龄阶段如小学、中学和大学的科学教育相比，学前儿童科学教育具有以下几方面的特点：

1. 启蒙性

学前儿童处于人生的最初阶段。他们的身体发育刚刚开始，身体各器官还不够成熟与完善。他们的认识能力较低，思维水平较为具体形象，不可能接受艰深抽象的科学知识。例如，你对学前儿童大讲水的分子式或者用天文学的术语描述天体，他们就会迷茫，无法接受。因此学前儿童科学教育是一种科学启蒙教育。所以，教学前儿童认识“水”这个内容时，并不须要向儿童讲授水的分子式或者关于浮力等比较艰深、抽象的内容，而是让儿童在玩水的过程中初步地认识和了解水的特性，如没有颜色、可以流动、没有味道，进而让儿童知道水在零度以下会结成冰，在加热以后水变成水蒸气等比较感性的现象。

2. 直观性

学前儿童阶段，思维处于直觉行动期与具体形象期。也就是说学前儿童主要通过动手操作或者形象化的方式来认识事物。例如，不到 3 岁的学前儿童或者初入园的儿童喜欢动手摆弄东西，他们会把纸撕成碎片或者揉成一团，或者放在手里揉搓，甚至放在嘴里嚼一嚼等，这是学前儿童探索事物的一种方式，通过揉、撕、嚼等动作来了解纸的特性是什么。同时，儿童喜欢形象化的东西。他们喜欢色彩鲜艳、富有动态的实物或者图片，如他们喜欢真实的小猫胜于图片上的小猫，他们喜欢图片上的小猫胜于老师单纯用语言描述的小猫。这种形象直观的教育会给学前儿童留下深刻的印象，是最适合学前儿童的心理特点的。

3. 综合性和趣味性

幼儿园和中小学的科学教育不同，幼儿园的科学教育是不分科的，在教育内容中包含了生物、天文、地理、物理、卫生等广泛的内容，是综合的基础性教育，因此也更加富有趣味性。例如，“认识磁铁”，教师单纯地告诉儿童磁铁能够吸铁，就不符合学前儿童的心理特点。正确的做法应该是：为每个学前儿童提供一块磁铁，让他们自己练习操作，来试一试，磁铁能够吸住什么，不能吸住什么，学前儿童就会兴趣盎然地开展活动，用磁铁来吸一吸塑料片，吸一吸大头针、海绵，甚至用磁铁把屋子里的东西吸个遍。学前儿童从中就会自然而然地得出结论了。

总之，儿童科学教育与其他年龄阶段的科学教育相比是十分富有特色的。

（三）学前儿童科学教育的意义

1. 学前儿童科学教育有利于培养儿童的求知欲和探究兴趣

3～6 岁的幼儿，对周围事物有很大的好奇心，这种好奇心，促使他们去探索、观察、发现、尝试，表现出对科学的求知欲的萌芽。但是此类好奇心在一般情况下会被忽视，而学前儿童科学教育，让儿童的好奇心不断得到满足，让儿童对科学知识、科学现象及科学教育活动充满兴趣，并在老师的帮助、鼓励、指导下不断地使偶发的不稳定的好奇、兴趣转化为强烈的求知欲，并在求知欲的驱使下进行各项认知活动，使儿童对学习产生积极的态度，还能对儿童成长后正确对待周围事物、对待生活产生良好的影响。

科学史上许多科学家的成长过程无不说明，正是一些有趣的自然现象，以及科学活动和科普读物，从儿童时代就激发了他们对科学的向往之情，使他们从小就热爱科学、喜欢接触科学、学习科学，最后终于走上了科学研究的道路。例如，英国著名的生物学家达尔文的父亲是医生，非常喜好园艺，达尔文耳濡目染，从小就对大自然有一种特殊的热爱和想象力。长大后，他从对大自然的长期观察中，得出“物竞天择”的结论，开创了“自然选择学说”，发表了宏伟著作《物种起源》，使他成为举世闻名的大科学家。

2．学前儿童科学教育有利于儿童智力、语言等的发展

近年来，随着脑科学和生化研究的不断深入，人们已从科学的角度越来越有力地证明了幼儿的生理发展与人的创新能力之间的密切关系。美国杜克大学史蒂芬•汉列尼博士认为，2～6岁是创造力发展的关键时期。儿童从出生起就不断与周围环境接触，直到3岁左右，他们已经感知了不少事物与现象，但是他们获得的经验是贫乏的，未经加工的，而且往往是片面、孤立、模糊甚至是错误的。而科学教育可以为儿童创设丰富的环境，扩大、丰富幼儿的科学知识，并使其知识趋于系统化、条理化、逐步发现事物之间的规律和关系。另外，儿童的智力、语言处于迅速发展期，但他们的智力、语言的发展有赖于对客观世界的认识，科学教育能以客观事物为媒介，促进幼儿智力、语言的发展。例如，通过嗅各种不同气味的物体，让儿童进行辨别，发展他们的嗅觉功能。

3．学前儿童科学教育有利于儿童个性的良好发展

儿童对环境的认识和情绪体验是形成道德观念的情感基础，周围环境是促进儿童健康成长的源泉。社会环境的内容，对培养儿童的人际关系，学习与人交往，也有不可忽视的作用，通过科学启蒙教育，可以充分利用周围环境中的这些有利条件，使儿童身心得到健康活泼的发展。例如：自然界的阳光、空气和水，是促进儿童身体健康的天然因素；山坡，小道、水沟等自然环境，是锻炼儿童机体、发展儿童动作的良好条件。利用环境对儿童进行爱自然、爱劳动、爱祖国、爱动物、爱植物的教育，有利于在道德认识和道德情感的基础上，促进儿童道德观念的形成。通过让儿童饲养小动物，培养儿童爱动物的情感。而观察和照料动物、植物的科学活动，有利于儿童道德认识与道德行为的一致性。

4．学前儿童科学教育有利于儿童自信心、独立性、创造性等品质的发展

在科学启蒙教育活动中，儿童尽情地享受着探索的乐趣，成功的愉悦。但是在接踵而来的挑战面前，失败也是常有的事。对于这样的情况，要鼓励儿童勇于接受挑战，并采用分解难度、降低要求，指导儿童学习等的方法，让他们逐步克服困难，体验成功，获得自信。儿童在此过程中，自己定下目标，在独立完成任务的同时，也获得了初步的安排学习任务的能力，自信心、坚持性和独立性都有不同层次的发展。

三、学前儿童学习科学的特点

学前儿童在学习科学的过程中，随着年龄的不同，所表现出来的特点也有所不同，按年龄结构可以把学前儿童科学教育特点分为3～4岁、4～5岁、5～6岁3阶段。

（一）3～4岁儿童学习科学的特点

1．认识处于不分化的混沌状态

例如：有的幼儿把绿草、绿叶叫做“绿花”；有的儿童认识柳树以后，把其他的树也叫

做“柳树”；还有的把树干叫做“木头”。因此，他们常爱向成人提问：“这是什么？”“那是什么？”

2．认识带有模仿性，缺乏有意性

3～4岁的儿童，不仅不会有意识地围绕一定的目的去认识某一事物，而且还不善于根据自己的所见、所闻、所知来表达自己的认识，调节自己的行为，而是爱模仿别人的言行。别人说小灰兔是小白兔，他（她）也说是小白兔；别人摇小树苗，他也跟着去摇小树苗。有时由于分辨能力差，爱模仿，甚至导致发生无意间伤害动植物的行为。例如，有一小男孩，在家看到爸爸刮胡子以后，便也学着给鸡刮“胡子”（鸡毛），结果，小鸡死了。

3．认知带有明显的拟人化倾向

由于3～4岁儿童的感知受自我中心的影响，常以自身的结构去理解科学物体的结构，以自己的生活体验去解释科学现象，对有生命的东西和无生命的东西辨不清，认识带有明显的拟人化现象。例如，看到皮球从积木上滚下来就说：“它（皮球）不乖。”指着4条腿的动物说：“它有两只手，两只脚。”

4．认识带有表面性和片面性

3～4岁儿童的认识易受情绪的影响，其注意力往往比较容易集中在具有鲜艳色彩、会发出悦耳声音、能动的、他感到喜欢的事物上。因此，3～4岁的儿童一般对动态东西的兴趣胜于对静态东西的兴趣，对他们不感兴趣的事物及其事物特征，似乎视而不见，这就使其认识必然带有表面性和片面性，影响对事物的主要方面和主要特征的认识。

（二）4～5岁儿童学习科学的特点

4～5岁的儿童对科学的兴趣明显地加强。此时儿童以具体形象性思维为主。

1．好奇好问

4～5岁的儿童比3～4岁的儿童显得更加活泼好动，好奇好问，对大自然产生浓厚的兴趣，什么都想去看看摸摸。在向成人的提问中，不但喜欢问“是什么？”，而且还爱问“为什么”。例如，“为什么鸟会飞？”“为什么洗衣机会转动？”

2．初步理解科学现象中表面的和简单的因果关系

4～5岁的儿童，一般已能从直接感知到的自然现象中理解一些表面的和简单的因果关系。例如，知道了“种了花，不浇水花就要死”“因为鸟类有翅膀，所以能飞”。但是他们还难以理解科学现象中内在的和隐蔽的因果关系。因此，4～5岁的儿童，对于科学物体与现象，易受其形状、颜色、大小等外部的非本质特征的影响，而做出错误的因果判断。例如，认为“树摇了，所以刮风了”“乒乓球会浮在水上，因为乒乓球是红的，表面是光滑的”“火车会动、会叫，它是活的东西。”

3．开始根据事物的表面属性、功用和情境进行概括分类

4～5 岁的儿童，在已有感性经验的基础上，开始能对具体事物进行概括分类，但概括的水平还很低。其分类的根据主要是具体事物的表面属性（如颜色、形状）、功用或情境。例如：在利用图片进行分类时，把苹果、梨和桃归为一类，认为“能吃，吃起来水多”；把太阳、卷心菜归为一类，认为都是“圆的”；把玉米、香蕉、小麦归为一类，认为都是“黄色的”；把太阳和公鸡放在一组，认为“太阳一出来，公鸡就会喔喔叫”。可见，4～5 岁儿童对事物的概括分类，具有明显的形象性和情绪性的特点。因其不能在内在的和本质的属性上进行抽象概括，所以也就不能正确地按客观事物的分类标准进行分类。

（三）5～6 岁儿童学习科学的特点

5～6 岁的儿童，马上要进入小学学习，他们比 4 岁的孩子更渴望了解周围世界。而且，这一阶段的儿童的抽象思维开始萌芽。

1．有积极的求知欲望

5～6 岁的儿童，对周围世界有积极的求知探索态度，他们不但爱问“是什么？”“为什么？”而且还想知道“怎么来的？”“用什么做的？”往往可以听到小孩提出这样一类问题，如“为什么月亮会跟着我走？”“鱼儿为什么能在水里游？”“电视机里的人怎么会走路、说话的？”等。有的儿童在做科学小实验时，能够想出不同的方法去探求实验的结果。有的喜欢把玩具拆开，想看看其中的奥秘，对自然现象的起源和机械运动的原理等开始感兴趣，渴望得到科学的答案。

2．初步理解科学现象中比较内在的、隐蔽的因果关系

5～6 岁的儿童已经开始能够从内在的、隐蔽的原因来理解科学现象的产生。例如，在解释乒乓球从倾斜的积木上滚落时说：“乒乓球是圆的，积木是斜的，球放上去就会滚。”说明他们已能从客体的形状与客体的位置之间的关系，即“圆”与“斜”的关系中寻找乒乓球滚落的原因。但由于科学现象中的因果关系比较复杂，即使到了 5～6 岁，儿童对不同科学现象中因果关系的理解水平也不可能一致，而且对日常生活中所不熟悉的复杂的因果关系也还很难理解。

3．能初步根据事物的本质属性进行概括分类

通过有目的的教育，随着抽象逻辑思维的发展，5～6 岁的儿童开始能够根据事物的本质属性，按照客观事物的分类标准进行初步的概括分类。例如，把具有坚硬的嘴、身上长有羽毛、翅膀和两条腿的鸡、鸭、鹅归为家禽类；把身上有皮毛、4 条腿的猫、兔、猪归为家畜类。幼儿阶段，由于受知识、语言、抽象概括水平的制约，对类概念的掌握还是比较初级和简单的，不能掌握概念全部的精确含义，缺乏掌握高层次类概念所需要的、在概括基础上进行高一级抽象概括的能力，因此，到了 5～6 岁，仍不可避免地会出现一些概念外延上的错误。例如，有的儿童只能把家畜、家禽概括为动物，而把昆虫排斥在动物之外，

认为昆虫是虫子，而非动物。

第二节　学前儿童科学教育的发展

科学教育的产生与发展，经历了一个漫长的岁月。在这漫长的岁月中，科学教育的产生与发展，一方面同科学技术的历史发展相联系，另一方面又同教育的历史发展相联系，而这两者又同社会经济和政治的发展相联系。因此，应该把科学教育放到广阔的社会历史背景中去考察。学前儿童科学教育是隶属于科学教育的，它是科学教育的基础环节，是科学教育发展到一定阶段的产物。此外，学前儿童科学教育的发展又和学前教育的发展密切相关，随着学前教育的发展而发展。

一、我国早期的儿童科学教育

在原始社会，生产力水平十分低下，祖先们为了维持生命、繁衍后代而艰辛地劳作。人们在从事狩猎、耕作、捕鱼等日常劳动时，年幼儿童便跟随其后观察和模仿，学习一些简单的获取食物、制作工具、防御野兽的知识和技能。在这样的日常生活中，通过成人的口授和亲身示范，年幼儿童获得了一些对自然界的感性了解，积累了一定的经验，掌握了一些技能。人类历代的祖先就是这样将其所继承的前人认识自然、利用自然和与自然斗争的经验，以及自己所取得的新经验传授给后代，这也可以说是广义的“自然教学”。人类最初的“自然教学”的“课堂”和“教材”就是大自然本身，教师就是成年人，特别是制造工具器皿的老年人和指挥劳动的年长者，教学方法就是身教，以后才开始有了言传，而年幼儿童的学习方法则是从小跟着成人，模仿成人的样子去进行实践，并且在此过程中调整自己的做法。

随着社会的进步，人类对自然界有了更深的认识，科学技术已经有了很大影响，科学教育也得到较快发展。对儿童教育的重视也在各种典籍中多有记载。例如，《礼记•学记》《三字经》《弟子规》《百家姓》《千字文》等一系列蒙学读物问世，它们在对儿童进行“仁、义、礼、智、信”等伦理道德启蒙的同时，也进行了有限的自然科学启蒙。例如：“曰南北，曰西东；此四方，立乎中”（《三字经》）介绍了地理方位；“云腾致雨，露结为霜”（《千字文》）描述了气候变化；“天地玄黄，宇宙洪荒”（《千字文》）阐述了宇宙起源；等等。古代的儿童科学教育是一些解释粗浅的科学概念、说明用途的纯知识性的科学教育，而且往往是与识字教育紧密结合。它们都是“学校”形态的自然教学，无论是官办的，还是民办的，都主要是为统治阶级的孩子所享受的。其特点是以识字、读书、背书为主，多是语文、自然、社会综合性的教材。其中的自然知识主要靠教师口授，即使内容是联系实际的，而教学的方法却往往只是讲讲听听，脱离实际。

虽然古代儿童科学教育有了很大的发展，但是总的来说，由于阶级社会的出现，教育大权为统治阶级所掌握，只有统治者的子女才能在学校中接受教育，一般的劳动人民仍然在家庭中，仍旧是随着父母的劳动和日常生活接受科学教育，就像远古时代那样在“大自然”

的“课堂”里，以“大自然”本身为“教材”，通过跟随成年人在生产劳动实践中来学习。

二、我国现当代儿童科学教育的变革

我国儿童自然科学教育通过专门设置的课程来进行，是在清代同治年间。1862年（同治元年）设立了京师同文馆，京师同文馆中设有“格致”这一科目，是我国设置自然科学教育课程的开端。所谓的“格致”，就是“格物致知”的简称。而“格物”，就是要以“物”为本，要解决实际问题，它强调的是“实践”的重要性。所谓“致知”，是指人们可以获得知识。到了1903年（清光绪二十九年），公布了“癸卯学制”，其中规定了初小和高小都有“格致”这一科目。“格致”科目的内容包括动植物、矿物、理、化、卫生等学科，这是我国小学设置自然科学课程的开始。1932年10月，当时的教育部正式公布了《幼稚园课程标准》，正式规定有关科学教育内容的课程——“社会和自然”，并在1966年“社会和自然”的科目下列举了该科目的目标和内容。1935年，由雷震清副教授编写的《幼稚园的自然》一书出版。这是我国第一本供教师用的学前儿童科学教育的理论书籍。

新中国成立以后，政府一直比较重视学前儿童教育，但是解放初直至“文化大革命”前，我国学前儿童科学教育的目标、内容和方法，基本上是在全面学习前苏联的基础上制定的。比较重视系统的、由浅入深的知识教育，并以季节变化为主线来进行认识自然的教育。在方法上则以教师单向传授为主，伴有儿童的观察、种植和饲养活动。1978年十一届三中全会以后，我国教育处于全面恢复和走向正常化时期。原来被批判否定的幼儿常识教育得到了恢复并重新开始了教学实践研究。1980年，教育部颁发《幼儿师范学校教学计划试行草案》，规定在幼师院校开设语言及常识教学法。1981年10月原国家教委颁布了《幼儿园教育纲要（试行草案）》：规定了幼儿园教育内容与要求，有生活卫生习惯、体育活动、思想品德、语言、常识、计算、音乐、美术8个方面，并对幼儿园各年龄班常识教育的任务、内容和要求做出了明确的要求。1985年，原国家教委修订了1980年的《幼儿师范学校教学计划试行草案》，颁发了新的《幼儿师范学校教学计划》，规定幼儿常识教学法与语言教学法分离，从此在幼师院校开设“幼儿常识教学法”课程，使它成为一门单独设立的专业课程。

随着时代变化和教育改革的深入，“幼儿常识教学法”暴露出内容陈旧、理论单薄、缺少现代教育理念的指导、课程发展严重滞后于当时幼儿园教育改革等弊端。这时候逐渐引入的西方先进的早教理念和发展心理学理论，对我国传统的学前课程及幼师的教育教学产生极大的冲击。“幼儿科学教育”在学者中提出并马上得到社会的认同。“幼儿科学教育”课程取代了“幼儿常识教学法”，注重教育内容与幼儿实际结合，注重能力和兴趣培养。

进入21世纪，《幼儿园教育指导纲要（试行）》提出幼儿园的教育内容是全面的、启蒙性的，可以相对划分为“健康”“语言”“社会”“科学”“艺术”5大领域。幼儿的科学教育从3～6岁拓展到0～6岁，《幼儿科学教育》也改称为《学前儿童科学教育》。新课程提出了“初步具备进行该领域的教育工作的实际能力和开展有关学前儿童科学教育科研工作的初步技能”的要求，增加了幼儿教师研究科学教育的科研能力的培养目标，课程内容更为详尽和严密。在终身教育、人本主义、和谐教育等观念的冲击下，在新的知识观、科学观的指引下，人们充分认识到幼儿科学教育的重要意义。研究者开始对学前儿童科学教育的意义、目标、内容、方法和评价等问题进行重新审视，经过多年的不断研究和发展，目前该课程已经形成了比较一致的学科结构和理论体系，确立了学前儿童科学教育在我国学前教育体系中的地位。

三、国外儿童科学教育的发展

（一）美国的学前儿童科学教育

美国历来把培养科技人才（尤其是培养高级科技人才）看做促进经济发展、进行经济竞争的重要条件，因此，他们非常重视向儿童进行科学的早期教育。20 世纪 50 年代，前苏联人造卫星上天和科学技术的迅猛发展，极大地刺激了美国社会。他们意识到未来的一代不仅要有传统的科学知识和文化，还要有调查研究和灵活转换知识的智力及能力，有适应新的、事先未预料到的事情的能力。这使美国的教育受到了一次极大的冲击，学前儿童科学教育改革得到了迅速地发展。到了 20 世纪 70 年代，美国儿童科学教育的改革取得了巨大的成就，改进和建立了第二代现代科学课程计划。1985 年 6 月，美国科学促进会、纽约卡耐基公司和梅隆基金会开始实施一项长远性计划，这项计划的发起者将它命名为 2061 计划。计划将注意力集中在科学素质上而不是集中在比较狭隘的“科学学科”上。目前，这项计划尚在进行中。

总体来看，美国学前儿童科学教育将培养儿童具有良好的科学素养作为根本目标，强调发展儿童的科学探究能力。

（二）英国的学前儿童科学教育

1988 年，英国通过了《教育改革法》，在学校设立全国统一课程，科学与英语、数学并列为三大核心课程，所有 5～16 岁的少年儿童都必须接受法定的科学教育。此外，还将“设计与技术”课作为英国 5～16 岁少年儿童必修的基本课程，这是英国 1988 年以后课程改革的重大举措之一。设计与技术课分为两大部分：设计与技术能力、信息技术能力。英国科学教育最显著的特征是十分强调设计与技术教育。与职业技术教育不同，英国中、小学的设计与技术教育不是只单纯强调技能培训，而是非常重视培养学生的设计意识。英国教育界的专家认为：设计与技术课程应让学生意识到技术的发展以及这些发展通过什么途径影响我们的工作环境和生活方式，懂得技术变化的重大意义；设计与技术课应该教会学生如何开展设计活动，如何运用所掌握的知识和技能来解决实际问题，如何使学生产生想法、制作和行动。可见，在中、小学开展设计与技术课程，其目的在于培养儿童的科学精神。

总体来看，英国幼儿园科学教育大纲体现出重视幼儿的科学调查和探索活动，重视幼儿创新意识和创新能力的培养，强调技术与科学的密切关系并使幼儿了解和学会运用技术这样一些特征及教育的发展趋势。

（三）澳大利亚的学前儿童科学教育

澳大利亚幼儿园科技课程是与小学一、二年级连在一起，共同构成科技教育的一个阶段。大纲包括知识与理解、技能、价值观与态度3个方面。澳大利亚幼儿园科技课程大纲突出强调了以下几方面的内容：

调查研究（探索）的能力，设计、制作（创新）的能力，运用技术的能力。从对澳大利亚幼儿园科技课程大纲的分析中可以看出：澳大利亚尤为重视和强调对幼小儿童科学能力的培养，充分体现了幼儿科学教育改革的指导思想。在世纪之交的教育改革热潮中，澳大利亚“梅耶委员会”再次提出了以关键能力为导向的教育目标改革方案，提出7项“为工作、为教育、为生活的关键能力”，其中特别提到了团队合作、分享信息及解决问题和应用科技的能力。另外，科技课程大纲也体现出对幼儿科学情感态度培养的重视，把科学情感的培养熔铸在科学能力的发展之中。

（四）日本的学前儿童科学教育

战后的日本十分重视幼儿教育，几次修订幼儿园教育大纲。随着日本幼儿教育事业的发展，日本的幼儿科学教育也发生了很大的变化。日本在1990年对《幼稚园教育要领》进行了全面修订，公布实施第二个《幼稚园教育要领》。该要领指明“通过环境进行教育是幼稚园教育的基本特征”，并把原要领中的“自然”改为“环境”领域。“自然”的内容范围仅限于自然科学，目的是让幼儿适应生活。而“环境”领域包括了人和自然两部分，着眼于培养学前儿童积极主动的态度和适应生活的能力，同时也提出环保教育的问题。为了迎接新世纪，日本于20世纪90年代后期又一次修订了纲要，于2000年开始实施。新纲要的显著特点是重视心灵教育，萌发幼儿的道德心。“环境”领域的目标提到：培养学前儿童怀着好奇心和探究心去与周围各种各样的环境交往，并要有把从中学到的东西用到生活中去的能力。从而更加强调让幼儿在与环境的直接接触中，发展其对环境，特别是对大自然的兴趣、敬畏，对外部事物和现象的好奇、探究、思考、发现以及丰富的情感等。总体来看，日本两次幼稚园教育大纲的修订，都体现出以儿童为本，以情感和态度的培养为重心的教育思想，反对抹杀个性的、成人化的教学。

思考题

1. 什么是科学？科学具有哪些基本特征？
2. 学前儿童科学教育具有什么特点？
3. 试描述我国学前儿童科学教育发展变革。
4. 对比我国与国外的学前儿童科学教育，简述它们的异同。
5. 结合各年龄段学前儿童学习科学的特点，设想教学内容。

第二章　学前儿童科学教育的目标

学习目标

- 了解学前儿童科学教育目标制定的依据和特点。
- 理解学前儿童科学教育目标的内容。
- 了解学前儿童科学教育目标的层次分类。

人的活动都是有目标的，无论是在工作、购物还是度假的时候都有明确的方向。与此相同，教育也是有目标的。有人比喻：教育目标就像海上指导航程的罗盘，盖房子的栋梁和支柱，如果不知目标而教育，必然无所依据，就像孤舟迷航于茫茫大海，不辨方向，结果浪费了时间和精力。因此，目标是指导教育的出发点和依据，它指明了教育的方向，同时它又指出了教育的预期效果，因而又是教育的归宿。学前儿童科学教育的目标规定了幼儿园教师在科学领域的努力方向和儿童的发展方向。随着现代社会的发展，儿童科学教育的目标也在不断地变化发展。

第一节　学前儿童科学教育目标的制定

目标是一切行为的“灵魂”。方向不正确，再大的本领也没有用；没有正确的方向，再多的努力也没有效果。

一、学前儿童科学教育目标的重要性

（一）幼儿科学教育目标是教师实施科学教育的方向

1．根据预定目标制订教学计划

计划和目标是密不可分的。凡在一线从事教学工作的教师，在教学前期都须要有一个教学计划。编制一套完整体系的教学计划是有一定依据的，不是随意的。教育目标是教师制订学科教学计划和完成课程标准（或教学大纲）要求的准绳。

2．依据目标选择恰当的内容

学期教学进度的安排，课程的中心内容是什么，重点、难点是什么等，这些都是教师在从事教学活动中须要考虑的。一个好的教学计划的制订，首先是以教学目标为基础，结

合教材的基本内容，合理规划教学进度，突出重难点。

3. 根据目标设计教学方法

拥有了好的教学计划和内容设定，要达到教学目标的实现，还需要教学方法的配合。教学方法多种多样，围绕教育目标选择或设计的教学方法，能够更好地帮助教师实现教育目标。

（二）目标是科学教育评价的标准

科学教育是在一定的教育目标指导下实施的。教育活动是否已达成目标所提出的要求，须要通过评价来作出鉴定。在学前儿童科学教育评价中，对科学对象作出的价值判断，是以反映学前儿童科学教育各方面的发展或质量目标为准绳的。

二、学前儿童科学教育目标制定的依据

学前儿童科学教育是学前儿童全面发展教育的一个重要组成部分。在制定学前儿童科学教育的目标时，不仅要考虑社会发展对学前儿童的要求，还要考虑儿童身心发展的规律和特点，同时还要体现自然科学的学科特点。因此，要科学地确定学前儿童科学教育的目标，就必须研究社会、儿童、学科特点，从这 3 方面的综合信息中来确定。

（一）学前儿童科学教育目标与社会发展需要

教育目标的确立一直受社会需要的影响，从柏拉图、斯宾塞等人理直气壮地提出了“教育要为儿童未来完满的生活做准备”这样的口号，到杜威在《民主主义与教育》中阐释的核心思想——教育不是为未来的完满生活做准备，而是让儿童现时过上完满的生活。学前儿童科学教育的基本职能之一是让儿童度过快乐而有意义的童年，为积极适应未来的社会生活做准备。

因此，在考虑儿童科学教育的目标时，必须研究社会对儿童成长的期望和需求。

1. 当代社会发展所具有的特点

当代社会的发展具有以下的特点。

（1）信息时代已经到来。信息技术的迅速发展促进了信息在人们生活中的广泛应用，人们比过去任何时候都更加感到信息传递的重要性。在知识领域，信息时代的到来导致了知识的激增。尽管人们的知识范围在不断扩大，但相对于日益加快的知识更新速度仍会感到应接不暇。

（2）科学技术迅猛发展。科学技术的发展几乎使现代生活的每个角落都打上了科技的烙印。在今天，一个不能掌握和运用现代科学技术的人几乎就像文盲一样，很难在现代社会中生存。

（3）环境问题日益严重。科技发展在给人类带来方便的同时，也造成了很多负面的影响，环境问题就是其中最为突出的表现。现代大工业生产造就了前所未有的物质文明，也给环境带来了前所未有的破坏。

2. 科学教育在幼儿园教育中所体现的社会需要

面临这样的社会问题，一个重要的解决途径就是通过教育，尤其是通过对学前儿童的科学教育，培养适应现代和未来社会需要的一代新人。以上的社会需要，在幼儿园科学教育目标中主要体现在以下几点：

（1）学前儿童科学教育不应让儿童被动地接受知识，而要激发儿童主动求知的欲望。不应片面追求获取知识的数量多少，而应培养儿童获取知识的能力和创新知识的能力。只有这样，才能使儿童在知识的海洋中游刃有余。在目标中，不应对儿童应该掌握的科学知识作量上的规定，而是要求儿童获取周围环境中有关的科学知识。同时，应该把教会儿童学科学的方法和激发儿童的求知欲作为重要的目标，要求儿童能自行运用科学的方法获取知识。

（2）学前儿童科学教育应该面向全体学前儿童，以科技素养的早期培养为宗旨，以形成学前儿童对科学技术的基本的、积极的态度，只有这样，才能使儿童在科技社会中适应自如。教育目标还应体现在对技术的关注，以及对科学、技术和社会关系的重视。例如，要求让学前儿童获取有关的技术经验和技术知识，发展儿童的操作技能，培养儿童对科技产品的兴趣以及了解科学技术的应用，等等。

（3）学前儿童科学教育应培养儿童关注自然、关注社会，以帮助儿童形成与自然的和谐关系和基本的社会责任感。只有这样，才能使儿童正确地理解和运用科学技术。学前儿童科学教育的目标要重视培养儿童尊重自然、热爱自然、保护自然，同时也注意培养儿童关注周围社会生活中的科学技术，萌发初步的社会责任感。

（二）学前儿童科学教育目标与儿童发展需要

学前儿童的发展是一个整体，儿童发展的需要是整体的需要。学前儿童科学教育是为支持、帮助、引导儿童学习科学、热爱科学、了解科学与社会、技术间的一些简单的关系，从而促进其身心全面和谐发展而设置的，科学教育目标是对其在一定期限内学习效果即发展状况的展望。为了建立合理的期望，就必须研究儿童，了解学前儿童身心发展的规律，尤其是关注他们的发展需要。这里所谓的“发展需要”，指的是“理想的发展”与“现实的发展”之间的距离，目标只有确定在儿童的最近发展区内，才能有效地发挥引导作用、促进儿童的学习和发展。

研究儿童的发展需要：一是了解儿童心理学研究所揭示的儿童“应该”和“可能达到”的理想发展。这方面的知识可以通过学习儿童发展心理学获得；二是要了解儿童的现实发展状况。这需要实际观察研究儿童，通过他们的行为表现判断发展水平和特点。然后把他们的实际发展水平和特点与理想的发展作比较，明确儿童的发展潜力、前景、一定阶段可能达到的水平和个别差异等。经过这样的分析研究，能够并应该对儿童建立哪些期望，什么样的科学教育目标是合理的、适宜的，也就大体清楚了。

幼儿的发展具有明显的年龄特点，不同年龄幼儿的发展水平和发展需要是不同的。发展心理学的研究表明，在学前儿童的认知活动中，感知觉占据重要地位。他们基本上是依靠自己的直观感知来认识事物的。他们的思维活动虽然已经有所发展，但仍然紧紧依靠感知的形象。并且整个学龄前期思维的主要特点是具体形象性，即凭借事物的具体形象或表象来进行的，而不是凭借对事物的内在本质和关系的理解，也不是凭借概念、判断和推理来进行的。当然，整个学前期，思维的特点总是在不断发展变化的。3 岁左右的儿童，其思维保留着较大的直觉行动思维的成分，随着活动范围的扩大，感性经验的增加，特别是言语的发展，儿童的思维逐渐从直觉行动思维转化为具体形象思维。到了学前晚期，抽象逻辑思维开始有一定的发展。抽象逻辑思维主要是运用概念进行判断和推理。学前早期，主要是感知形式的直接判断，不需要复杂的思维加工。学前晚期，儿童方能通过推理，反映事物之间的因果、时空、条件等联系和关系，进行间接判断。五六岁的儿童在判断两块相等的面积时，大部分依靠直觉判断。他们或者倾向于认为一块完整的面积比被分割开的同样面积大，或相反，认为被分割开的面积要更大些。判断推理的内容从反映事物的表面联系开始向反映事物的内在联系发展。

学前早期往往把直接观察到的事物的表面联系作为因果关系。例如，对于物体的沉浮现象，小班儿童认为，球大才浮在水上，钉子小、尖，把水刺破了所以沉下去了。学前晚期才能初步按事物的比较隐蔽的内在联系作出判断、推理，这时可以根据物体的质量或材料作为沉浮的原因，判断、推理的根据从自我中心逻辑开始向客观逻辑发展。

（三）学前儿童科学教育目标与学科特点

制定学前儿童科学教育目标依据的第三方面，是自然科学的学科特点。

学前儿童科学教育学科的依据，主要是探讨学科知识自身的特殊功能以及学科能起到的一般教育功能，这里须要回答的问题是“某一学科对那些以后不可能成为这一领域专家的幼儿有什么作用”。在科学教育目标的确定中，对自然学科的研究能够帮助我们了解学前儿童需要知道什么，应该去做什么，学了这些知识以后对学前儿童有什么作用，等等。因为自然学科本身就是人类对自然界认识成熟的组织和结构形式。因此在研究科学教育的目标时，首先需要清楚自然学科领域如何促进学前儿童的发展，换言之，即自然学科领域与儿童的身心发展具有何种联系。

按照目前对科学的理解，科学不仅是指知识，而且是包括科学知识、科学方法和科学情感态度在内的 3 个方面的整体。自然科学具有以下几方面的特点：

第一，内容的广泛性和知识的严密性。自然科学的研究范围广泛，涉及整个物质世界，而构成自然科学的知识体系又是极为严密的逻辑体系。

第二，过程与方法的科学性。所谓科学的方法指的是实证的方法，自然科学崇尚实证的方法，强调通过事实的证据和逻辑的推理获得新知识。

在学前儿童科学教育的目标中，自然科学的学科特点主要体现在：

第一，对科学含义的全面理解，即把科学知识、科学技能和方法、科学情感和态度作为学前儿童科学教育目标体系的 3 个组成部分。

第二，科学知识方面的目标，既要立足于让学前儿童获取广泛的科学经验，体现科学内容的广泛性，同时也要引导儿童注意知识间的连续性，为将来形成科学概念和构建科学知识体系打下基础。

第三，不仅注重学前儿童科学知识的获得，更要注重学前儿童学科学的过程，以及在学科学过程中学习学科学的方法和技能，对科学的情感、态度。

总之，社会的、心理的和学科的考虑，是制定学前儿童科学教育目标的三大依据。无论是建构学前儿童科学教育的总目标体系，还是制定具体的教育活动目标，都必须同时考虑并协调这3个方面的需要。而如何协调它们之间的关系，则是一个价值选择的问题。

三、学前儿童科学教育目标制定的特点

（一）学前儿童科学教育目标的制定具有可行性

可行性是指，一方面，学前儿童科学教育目标的确定应考虑本国或本地区、本幼儿园、本班儿童的实际，所确定的目标应该是通过各方面教育者的努力最终指导与引导儿童能够达到的目标，这样保证目标的实现具有可行性；另一方面，目标的确定更要考虑儿童的可接受能力，其中高层次科学教育目标的确定，要以我国3～6岁儿童身心发展的一般特点为依据，而对于低层次或单元与具体活动目标的确定，设计者应从所在幼儿园的儿童或自己所带班级的儿童实际发展水平出发来考虑目标的确定。这样一来，使科学教育目标具有可接受性，即目标锁定在儿童的“最近发展区”内。进一步说，就是要使科学教育目标要求既不低于儿童已有的发展水平，又不是高不可攀，科学教育目标是经过教师、家长的帮助与引导，经过儿童自身的努力完全能够达到的目标。

（二）学前儿童科学教育目标的制定具有全面性

这一原则要求设计者在制定科学教育目标时，一定要做到科学教育目标的涵盖面尽量周全，应指向儿童的全面发展。这里全面发展的含义，一方面是指学前儿童科学教育目标应包括体、智、德、美各个方面的发展目标；另一方面是指体、智、德、美的每一方面都要尽量涉及情感态度、认知、动作技能等方面的培养、形成与发展，甚至具体到某些教育活动课程领域还要考虑每一领域的各个涵盖面。这也意味着最终确定出的科学教育目标具有全面性与整体性的特点。例如，从《指导纲要》中的学前儿童科学教育目标领域的表述中，可以发现：科学教育的目标是从培养儿童探索科学的兴趣与态度、形成一定的科学经验及探索与表达的方法、技能与能力等多方面提出科学教育目标的。由此可见，在确定学前儿童科学教育目标时，确定者充分考虑了目标确定的全面性与整体性的原则。

（三）学前儿童科学教育目标的制定具有一致性

幼儿园科学教育目标的实现要靠各个层次目标的层层落实最终才能得以实现，所以在确定科学教育目标时，应遵循科学教育目标确定的一致性原则。所谓目标的一致性是指：一是各年龄阶段的目标要相互衔接，体现心理发展的渐进性与连续性；二是下层目标与上层目标之间、局部目标与整体目标之间要协调一致，每层目标都应该是上一层目标的具体化，这样以保证通过每一层、每一阶段及每一具体教育活动目标的实现从而最终实现总的大目标或长远宏观的目标。这一原则的实质就是要求制定科学教育目标者要防止目标之间的脱节现象，确保总目标得到科学而准确地落实。例如，在确定“科学教育的年龄阶段目标”时，我们既要考虑科学领域总目标的整体要求，又要考虑小班、中班、大班儿童的心

理发展水平的渐进性特点，从而确定出不同年龄阶段的目标，既体现不同层次目标之间的相互协调性与一致性，又要体现各年龄阶段目标要求之间的渐进性与连续性。

（四）学前儿童科学教育目标的制定具有辩证统一性

在确定幼儿园科学教育目标的过程中（特别是确定高层次科学教育目标时），设计者通常要考虑多方面的因素，例如，考虑社会的发展对人才素质的规格要求，考虑学前儿童身心发展的水平与需要，考虑各学科领域之间的关系，等等，要把以上各种因素统一在一起，经过多方面的分析与权衡，从而最终确定学前儿童科学教育的目标要求。在权衡过程中有时会遇到矛盾与冲突的问题，比如，应该更多地从社会角度考虑目标的确定还是要多从儿童的角度来考虑目标的确定？侧重社会要求还是优先考虑儿童的发展？这时就需要从辩证统一的角度来考虑目标的确立问题。就这一问题而言，应该明确的一点是：社会的发展与人的自身的发展是辩证统一的，要想确立的目标完全可以在这种辩证统一的关系中找到最恰当的表达方式，那就是：依据儿童发展的可能性，降低社会要求的难度，这样提出的教育目标既做到了二者兼顾，又能保证所提出的目标要求得以实现。这些充满辩证性的目标要求既是社会的要求，又是儿童发展所需，同时也是科学知识教育领域中要求儿童所要达到的目标要求。辩证统一性的原则，就是要求设计者在确定幼儿园科学教育目标时，以辩证统一的观点处理好各方面要求与各方面因素的关系。

总之，教育是有目的、有计划的行为，科学教育目标的确定关系到学前儿童科学教育内容、科学课程组织方式和教学策略的选择，关系到科学教育评价的标准以及儿童是否能得到身心全面发展的问题。为此，在确定学前儿童科学教育目标时，不可随心所欲，要考虑多方面的因素，要依据科学的原则和方法确定出科学的教育目标。

第二节　学前儿童科学教育目标的内容

学前儿童科学教育目标的内容，应该可以从各个角度进行分析。从整个体系的角度来说，一个完整的科学教育目标体系，它应该既包含纵向的层次结构，而每一个层次中，又应该包含了横向的分类结构。学前儿童科学教育目标从纵向可以分解为学前儿童科学教育总目标、年龄阶段目标、单元目标和活动目标 4 个层次。

一、学前儿童科学教育总目标

学前儿童科学教育的总目标，也可以称为学前儿童科学教育的领域目标，是学前阶段科学教育总的任务要求，它原则性地指出在学前阶段进行科学教育的范围和方向，是科学教育所期望的最终结果，具有较强的特殊性和相对的独立性。学前儿童科学教育的总目标是学前教育总目标的一个有机组成部分，与总目标在方向上是一致的、相辅相成的。学前儿童科学教育的总目标，是在整个学前教育阶段中，通过一系列的科学教育活动的过程来实现的，因此，在学前阶段进行科学教育都应以总目标为指导思想。

我国 2001 年 7 月教育部颁布的《幼儿园教育指导纲要（试行）》中规定，科学领域的目标是：

（1）对周围的事物、现象感兴趣，有好奇心。

（2）能运用各种感官，动手、动脑，探究问题。

（3）能用适当的方式表达、交流探索的过程和结果。

（4）能从生活和游戏中感受事物的数量关系并体验到数字的重要性和有趣。

（5）爱护动、植物，关心周围环境，亲近大自然，珍惜自然资源，有初步的环保意识。

以上目标除第 4 条是关于数学教育的具体目标外，其余 4 条可归纳为科学认识方面的目标、科学情感和态度方面的目标、科学过程和方法方面的目标。同时，根据世界学前儿童科学教育的目标分类，大多也是从这样几个方面进行表述的。下面是对这 3 方面的目标进行解读。

（一）科学认识方面的目标

1. 获取广泛的科学经验

科学经验是指学前儿童在科学探索活动中，通过他们的亲自操作，以自身的感觉器官直接接触周围世界，所获取的具体事实和第一手的经验，这些经验因其是有关自然事物与现象的，因此就被命名为科学经验。学前儿童的科学经验包括学前儿童对事物形状特征的认识、对科学现象的理解等。学前儿童通过不断地与周围环境接触，在他们的脑中就储存了丰富的信息，留下了生动的表象。这些有关周围物质世界的信息和表象，就是学前儿童获取的初始科学经验。

学前儿童的初始科学经验是学前儿童学习科学的基础，也是他们今后学习抽象的科学概念、科学定义的最初入门。学前儿童获得知识的过程，就是在获得大量具体事实的基础上建立的，学前儿童的科学经验是建构概念的基础。所以，应为学前儿童创设条件，帮助学前儿童获得丰富的科学经验。

2. 在感性经验的基础上形成初级科学概念

概念是对事物本质、抽象的认识，是对具体事物概括的结果。初级的科学概念是指学前儿童在获得感性经验的基础上，对同类事物外在的、明显的共同特征的概括，是一种概括化的表象。它既区别于具体的经验，也区别于真正的抽象概念。学前儿童的思维具体形象，对抽象概念的学习尚感困难，他们对任何事物抽象的认识，都是建立在对具体事物的概括的基础上的。他们在科学学习中所形成的概念，只是经验水平的概括，它既有科学经验的特征——具体形象性，又具有概念的特征——概括性，因此只能把它称为初级的科学概念(有关科技的概念)。在学习中，应让学前儿童学习一些日常生活概念、具体事物概念、简单分类概念。初级的科学概念可以增加学前儿童所学知识的适用性和迁移价值，并促进学前儿童智力的发展，特别是有利于学前儿童的具体形象性思维向抽象逻辑性思维的过渡。

科学经验与科学概念是有区别的，但是它们又是紧密联系的。在科学学习过程中，学前儿童初级科学概念的形成，依赖于科学经验的获得。脱离了科学经验的概念学习是不可行的，科学经验是学前儿童形成初级的科学概念的基础，科学经验影响初级科学概念的内涵，并有效地丰富和发展着学前儿童的初级科学概念。在科学学习中，不能迁就学前儿童思维的具体形象性，不能满足于感知表面现象，而要努力引导学前儿童整理零散的知识经验，促进初级的科学概念的形成，并逐渐提高概念水平，促进学前儿童抽象逻辑思维的萌芽与发展。

（二）科学情感和态度方面的目标

学前阶段科学情感和态度的培养是学习科学的推动力。《幼儿园教育指导纲要》的“科学”领域中，涉及科学情感和态度培养方面的内容有两条，即第一条“对周围的事物、现象感兴趣，有好奇心和求知欲”和第五条“爱护动植物，爱护周围环境，亲近大自然，珍惜自然资源，有初步的环保意识”。

1. 对周边的事物及出现的各种现象感兴趣，有好奇心和求知欲

好奇心是指对周围环境中的新异刺激的积极反应倾向，它是求知欲的先导。学前儿童的好奇心常常表现为对周围一些事物或现象（特别是自然界的事物与现象）注意、提出问题、操作摆弄、探索发现等。好奇心是学前儿童学习取得成功的先决条件，并在学前儿童形成积极的学习态度方面起重要作用。科学需要好奇心，科学也最能吸引儿童的好奇心，而学前儿童天生就具有好奇心，他们喜欢探究事物，是天生的科学家。在幼儿园中充分利用科学教育中的特有的有利因素，以五彩缤纷、生动活泼的自然界和丰富的有结构的物质材料，作为科学教育的主要内容，逐渐使学前儿童此类自发的好奇心转化为具有特定方向的好奇——对科学的好奇，进而产生对科学的兴趣和探索。

合乎学前儿童的好奇心，将使学前儿童永远保持探究和学习的热情，也是终身学习的一种动力机制。兴趣是和好奇心相联系的，它是一种积极的感情性唤醒状态，是学科学的强大动力。学前儿童最初的科学兴趣就是对新奇事物的好奇。培养学前儿童的好奇心和兴趣的目标，就是使学前儿童从对事物的外在、表面的兴趣，发展为对科学活动过程的理智兴趣，为今后学科学奠定良好的基础。

2. 爱护动植物，爱护周围环境，亲近大自然，珍惜自然资源，有初步的环保意识

情感是人对客观事物的态度的体验，人的情感有积极、消极之分。态度是人们比较稳定的一套思想、兴趣或目的。情感、态度和人的认识活动有紧密的联系，积极的情感和态度促进学前儿童的认识活动，有利于学前儿童学习科学，也将为他们良好个性的发展和形成奠定基础。但是学前儿童对周围事物的情感、态度不会从天而降，也不可能自然发展或突然产生，它须要在幼儿园科学教育的过程中，结合学前儿童的具体情况，精心培养。

通过与周围环境的直接接触和探索活动，引导学前儿童发现自然界的美，学会欣赏自然，学前儿童会逐渐发现和感受到自然界的奇妙和美好，感受和体验到人与环境及动植物、动植物之间及其与环境的依存关系。通过全身心投入与珍爱生命、关爱环境的活动，逐步产生珍惜自然资源的情感和初步的环保意识。例如，培养学前儿童对大自然的积极情感和

态度，要从他们喜爱周围的小草小花、小鸟小虫开始，逐渐发展到具有爱护自然、保护生物的情感和态度。

（三）科学过程和方法方面的教育目标

1. 能用适当的方式表达、交流探索的过程和结果

《幼儿园教育指导纲要》中“科学”领域第三条指出“能用适当的方式表达、交流探索的过程和结果”。在科学教育中，不仅要让学前儿童学习科学，还要让学前儿童学习将自己科学探索的过程和结果，进行表达和交流。表达是一种单向地向别人表述的方式，而交流则是一种多向的、全方位的方式，既有倾听，又有表达和表现。交流作为传递信息或获取信息的渠道，它也是一种思考的方式。在科学活动中的交流往往建立在学前儿童的记录基础之上，学前儿童在科学探索活动中，记录了科学发现的内容、情感、运用的方法、实验的结果……通过探究操作，每个人都有自己不同的感受、体验和发现，或者有一些处于半意识状态的东西，通过思考和适当的方式表达形成想法，通过交流梳理头脑中的信息，明晰所发现的事物特征和关系，以及自己的探究过程。学前儿童通过表达和交换信息，使感知周围世界的第一印象在脑中形成的表象，又转换为语言或其他方式表达出来。这样既使学前儿童对事物理了解得更清晰，又有助于学前儿童语言的发展；既促进了学前儿童与同伴之间的交往和友谊，又有利于学前儿童与教师间的沟通。这里适当的方式包括：运用语言或非语言的方式进行信息的交换，学习用准确有效的语言及适当的表征方式（动作、表情、手势、体态）进行表达、交流（做法、想法、发现、情绪），学习用各种手段展示自己的科学活动结果等。

2. 能够运用各种感官，动手动脑，探究问题

科学教育的目标强调学前儿童“能够运用各种感官，动手动脑，探究问题”（《幼儿园教育指导纲要》“科学”领域第二条）。科学的一个重要的特征就是其方法和过程的科学性。虽然学前儿童在运用科学方法进行探索的过程中，不可能像成人那样以严密的观察和精确的实验来进行科学研究，解决科学问题。但是在科学教育中，对学前儿童进行科学方法的初始教育，以及进行科学探究能力的培养却是十分重要和必要的。

第一，观察。“能够运用各种感官”指的就是运用感觉器官对周围的事物进行观察。感觉器官是学前儿童吸收外界信息的通路，观察是一种有目的、有计划的感知活动，是学前儿童认识周围世界的基础。在学前儿童亲历科学发现的过程中，学前儿童学习了使用感官，发展了观察能力，就能主动地去感知周围世界，积极地获取各方面的信息，极大地丰富了学前儿童的科学经验，为学前儿童的初级科学概念的形成、思维的发展作了准备。因此，在科学教育过程中，要让学前儿童常练习运用多种感官感知自然现象和物体的主要外部特征；学习比较观察不同物体或同类物体的特征；学习观察自然现象的运动和变化。

第二，分类和测量。在学前儿童科学探究中也需要运用分类和测量的方法和技能。分类是把一组物体按照特定的标准加以区分的过程。测量是测定物体数量特征的过程。在学前儿童学科学的过程中，分类和测量既是一种学前儿童学习科学的技能，也是一种学习科

学的方法。分类能帮助学前儿童把周围事物进行抽象与概括，有助于学前儿童探索事物之间的关系。测量是人们生活中精确交换信息的一个重要方面。对于那些对事物还缺乏“比较”概念的学前儿童来说，在学科学的过程中，运用简单的测量方法来观察、理解周围世界，并以数来比较精确地表达所获得的信息，是很有益的。在科学教育中，学前儿童学习在比较现象或物体特征的相同和相异的基础上，按物体的外部特征或用途分类（单一属性或多重属性）；学习指出分类的标准或属性；学习使用不同的简单工具进行测量的方法；学习比较或测量物体的长短、大小、多少、轻重等特征的简单方法；初步知道通过测量可以获取量化的信息。

第三，思考。思考泛指儿童的思维过程。思维是认识的高级阶段，是智力的核心。思维反映的是事物的本质属性和内部规律。通过思维，能更深刻、更准确、更完整地反映客观事物。所以，在科学教育过程中，除了使学前儿童获得大量丰富的感性经验外，还应在此基础上，有意识地帮助学前儿童学会思考、善于思考，发展思维能力。这也是学前儿童学科学必备的能力之一。学前儿童的思维以具体形象性思维为主，要引导他们在具体形象和表象的基础上，思考事物之间的关系，学习比较和概括甚至学习推论和预测。预测是运用既有经验，根据当前情况，预测事件或现象的变化或结果。在科学教育过程中，预测也是学前儿童学习的一种重要的技能。虽然要让学前儿童能够作出不同于猜测的、又不是简单描述现象的预测并不容易，但是预测确实是学前儿童探究过程中不可或缺的技能。

第四，操作。操作，即动手操作。在科学教育活动中，学前儿童以操作和其他方式验证其发现、推论或预测是否正确的过程或方法，或运用工具和材料对客观对象和材料进行操作加工，或制作新产品的活动，都是操作。在操作活动中所需要的技能，就是操作技能。学前儿童的操作技能和科学技能虽然有关，但是也不同。学前儿童的操作技能常常会影响其科学技能的发展，例如，操作技能和测量技能、实验技能密切相关。操作能力的强弱，会影响科学方法的运用。但操作技能和科学技能又是有区别的。科学方法和技能是指在科学活动中，获取科学知识所必需的技能。而操作技能则不然，它是完成操作活动所必需的技能。在学前儿童科学教育中，使学前儿童学习使用简单的工具，依照目标进行操作，并对操作过程和结果进行思考、调整和修正。

以上介绍了学前儿童科学教育的总目标，必须明确的是，要全面把握学前儿童科学教育的目标之间的关系。首先，就科学认识、科学情感和态度、科学过程和方法的发展来说，并没有先后之分，更没有主次之分。其次，这三者目标是一个你中有我、我中有你的整体，而且相互依赖，不能截然分开，任何一方面都不可或缺。最后，从三者在科学学习中所扮演的角色看，科学经验、概念是科学学习的载体，离开了科学认识的提高，科学探究也就成为不可能；科学情感态度是科学学习的动力系统，它推动着学前儿童积极的学习；而科学方法则是探究活动中的核心，也是学前儿童终身学习的武器。

二、学前儿童科学教育年龄阶段目标

学前儿童科学教育的年龄阶段目标，是指根据学前儿童科学教育总目标确立的、按学前儿童年龄阶段划分的中期和短期发展目标。科学教育的总目标是学前儿童在幼儿园学习时间里在科学领域的总目标。年龄阶段目标则是小、中、大 3 个年龄班的一年性的目标。它一般分为小班（3～4 岁）、中班（4～5 岁）、大班（5～6 岁）3 个年龄班的科学教育目标。年龄阶段目标是总目标在学前教育各年龄阶段的具体体现，是总目标的具体化。年龄阶段目标把科学教育的总目标，按不同年龄儿童的发展水平作了具体的划分，因此，年龄阶段目标的要求在指导思想上和总目标是完全一致的。年龄阶段目标还是学前儿童各个不同阶段年龄特征在科学教育目标中的体现，它反映了不同年龄阶段儿童目标要求的差异性。儿童的年龄不同，其身心特点、需求、兴趣也不同，这就决定了必须根据他们的年龄特点，提出不同于其他年龄阶段的适宜的目标，以适应儿童的发展需求。另外，科学教育的各年龄阶段目标之间是具有连续性的，这种连续性反映了学前儿童发展的连续过程，同时也反映了学前儿童科学教育的连续性。这 3 个一年的目标之间衔接性要强，分阶段地保证教育目标的实现。以下列举的各年龄段学前儿童的科学教育目标供参考。

各年龄段学前儿童科学教育的目标

（一）小班

1．知识方面

(1) 引导学前儿童观察周围常见的物体（动植物和无生命物质的特征），获取粗浅的经验，让他们逐步了解它们与周围环境的具体关系。

(2) 引导学前儿童观察周围常见自然现象的明显特征，获取粗浅的科学经验，并和他们一同感受它们与学前儿童生活的关系。

(3) 引导学前儿童观察日常生活中直接接触的个别人造产品的特征及用途，获取粗浅的科学经验，让他们感受到它们给生活带来的方便。

2．方法技能方面

(1) 帮助学前儿童了解各种感官在感知中的作用，学习正确使用各种感官感知的方法，发展感知能力。

(2) 引导学前儿童用词语或简单的句子描述事物的特征或自己的发现，与同伴、教师交流。

(3) 帮助学前儿童学习使用日常生活中常用科技产品的简单方法，参与简单的制作活动。

3．情感方面

(1) 激发学前儿童对周围事物的好奇心，使其乐意感知和摆弄他们能够直接接触到的自然物和人造物。

(2) 启发学前儿童探索自然现象和参与制作活动的兴趣。

(3) 使其喜爱动植物和周围环境，并能在成人的感染下表现出关心、爱护周围事物的情感。

(二) 中班

1. 知识方面

(1) 帮助学前儿童获取有关自然环境中动植物及沙石水等无生命物质及其与人类关系的具体体验，了解不同环境中个别动植物的形态特征和生活习性。

(2) 帮助学前儿童了解四季的特征及其与人们生活的关系，观察常见的自然现象，获取感性经验。

(3) 引导学前儿童获取周围生活中常见科技产品的具体知识和经验，初步了解科技产品在生活中的运用。

2. 方法技能方面

(1) 帮助学前儿童学会综合运用多种感官感知事物特征，提高观察力。

(2) 帮助学前儿童学会按照指定标准，对物体进行简单分类。

(3) 帮助学前儿童学习运用简单的工具进行测量的方法。

(4) 引导学前儿童用自己的语言描述自己的发现，并与同伴、教师交流。

(5) 指导学前儿童学习使用常见科技产品的方法，运用简单工具进行制作活动。

3. 情感方面

(1) 发展学前儿童的好奇心，引导他们探究周围生活中常见的自然现象、自然物和人造物，愿意参加制作活动。

(2) 培养学前儿童关心、爱护动植物和周围环境的情感和行为。

(三) 大班

1. 知识方面

(1) 帮助学前儿童初步了解不同环境中的动植物及其与环境的相互关系。

(2) 向学前儿童介绍周围生活中的环境污染现象和人们保护生态环境的活动。

(3) 帮助学前儿童获取有关季节、人类、动物、植物与环境等关系的感性经验，形成四季的初步概念。

(4) 引导学前儿童探索周围生活中常见的自然现象，获取有关的科学经验。

(5) 让学前儿童接触周围生活中的现代科学技术，及其在生活中的运用。

2. 方法技能方面

(1) 使学前儿童能主动运用多种感官观察事物，学会观察的方法，发展观察力。

(2) 使学前儿童能按照自己规定的不同标准对物体进行分类。

(3) 帮助学前儿童学习使用各种工具进行自然测量，掌握正确的测量方法。

(4) 引导学前儿童用完整、连贯的语言与同伴、教师交流自己的探索过程和结果，表达愿望、提出问题和参与讨论，能够表达发现的愉快，能够和他人交流和分享经验。

(5) 引导学前儿童学习使用常见科技产品的方法，运用简单工具和多种材料进行制作活动，能够发现物品和材料的多种特性和功用，并能表现出一定的创造性。

3. 情感方面

(1) 激发和培养学前儿童好奇、好问、好探索的态度。

(2) 激发学前儿童对自然环境和现代社会生活中的科技产品的广泛兴趣，能自己发现问题、提出问题、寻求答案。

(3) 使学前儿童喜欢并能主动参与、集中于自己的科学探索活动和制作活动。

(4) 培养学前儿童主动关心、爱护周围环境的情感和行为。

三、学前儿童科学教育单元目标

顾名思义，学前儿童科学教育单元目标是指一个单元的教育目标。在科学教育中，此类“单元”一般有两种。第一种是“时间单元”，是指在一段时间内，所要达到的科学教育目标。例如，在1个月或1周内要达到的目标，相当于“月计划”或“周计划”中的科学教育目标。第二种是“主题活动单元”，是在一组有关联的科学教育活动全部结束后所要达到的目标。例如“水”的主题、“磁铁”的主题等。在当前幼儿园整合课程模式的前提下，前一种“时间单元”已不多见，因此，这种目标样式也就比较少见。而后一种“主题活动单元”的做法就比较多见，因此，“主题活动单元”的目标也就比较多见了。

【例1】幼儿园小班主题活动“有趣的气味”的 单元科学教育目标。

(1) 引导学前儿童学会用鼻子闻物体的气味，尝试感知不同的气味，增强感知能力。

(2) 鼓励学前儿童关心周围事物，培养他们对感知活动的兴趣。

(3) 鼓励学前儿童用语言表达所得到的信息。

(4) 帮助学前儿童懂得爱护自己的鼻子。

【例2】幼儿园中班主题活动“水”的单元科学教育目标。

(1) 激发学前儿童观察探究水的兴趣。

(2) 引导学前儿童在玩水的系列操作活动中，运用自己的感官，感知水的特性。

(3) 帮助学前儿童了解生物的生长、人类的生活都离不开水。

(4) 帮助学前儿童学习边观察边操作的方法，引导其及时观察操作中产生的有趣现象，并努力探究原因。

【例3】幼儿园大班主题活动“昆虫”的单元科学教育目标。

(1) 在捕捉、饲养、观察昆虫的过程中，激发儿童对昆虫的兴趣。

(2) 引导学前儿童对几种昆虫的求生本领及生长过程作较细致的观察。

(3) 继续引导学前儿童学习运用典型特征观察法和顺序观察法对各种昆虫进行观察，

比较其异同，以初步形成昆虫的概念。

（4）帮助幼儿学习区分常见昆虫中的益虫和害虫。

（5）培养幼儿细致观察和分析综合概括的能力。

四、学前儿童科学教育活动目标

学前儿童科学教育活动目标，通常是指一次具体的科学教育活动所要达到的目标。例如，在进行集体活动“好听的声音”时所要达到的目标。制定活动目标，必须根据科学教育总目标、年龄阶段目标或单元目标的内容，并且结合具体活动内容的特点，以及不同年龄儿童的特点进行制定。科学教育活动目标是微观的、具体的、可操作的目标。虽然是具体教育活动的目标，但也应该能反映学前儿童科学教育总目标和年龄阶段目标的要求。而且教育活动目标应该体现和上层目标之间的联系，是上层目标的具体化。

以上 4 个层次的科学教育目标，构成了一个金字塔式的目标层次结构。各阶段性目标之间是相互衔接的，体现了学前儿童心理发展，以及教育要求的渐进性。下层目标与上层目标之间、局部目标与整体目标之间是协调一致的。每一层目标都是上一层目标的具体化，低层次目标的实现最终能达到高层次目标的实现。作为幼儿园教师，比较多的是参与制定第三层、第四层目标的工作，偶尔也有参与制定第二层目标的工作。

思考题

1. 学前儿童科学教育的目标按层次分为哪几个方面？简述目标内容？
2. 制定学前儿童科学教育目标有哪些应注意的方面？
3. 阐述学前儿童科学教育总目标 3 方面的含义。
4. 学前儿童科学教育目标的依据是什么？你是如何理解的？
5. 请谈谈应该如何确定学前儿童科学教育的目标？

第三章　学前儿童科学教育的内容

学习目标

- 理解学前儿童科学教育内容选编的要求。
- 掌握学前儿童科学教育内容选编的具体方法。
- 把握学前儿童科学教育的内容特点与范围。

学前儿童科学教育内容是教育目标的具体体现，是儿童和教育目标之间的一座桥梁，对这座桥梁设计的好坏，是能否实现目标关键所在。如何选择适合本班的儿童科学教育内容，则是学前儿童教师教育技巧和教育观念的具体体现。

第一节　学前儿童科学教育内容的选编要求

如何选择和编排适合本地区、本国甚至本班的学前儿童科学教育内容是教育成功的重要一步。学前儿童科学教育内容浩如烟海，包括了生物、物理、天文等多种综合性的内容。究竟哪些才是适合儿童的教育内容呢?这是一个十分复杂的问题。由于学前儿童心理发展的差异性与个别性，没有一种固定的内容适合每一个学前儿童。因此简单地照搬某一本教材是不可行的。教师需要根据本班学前儿童的特点和实际条件重新选择和组合。概括来说，学前儿童科学教育内容的选编，要依据科学教育的目标来进行，即在选择与编排科学教育的内容时，要有明确的目标，必须全面贯彻学前阶段科学教育的任务。以下是选编科学教育内容的几点要求。

一、科学性和启蒙性

科学性和启蒙性是学前儿童科学教育内容选择的首要要求。科学性是指选择的内容必须符合科学原理，应从自然界的整体出发，根据客观规律，正确解释学前儿童周围生活中的有关的自然现象和自然物。启蒙性是指选编的内容必须符合学前儿童的知识经验和认知发展水平，使学前儿童在教师的帮助下，通过一定的努力能够达到教育目标。

人类对科学的认识总是在发明创造中前进的。今天看似科学的一些观点和结论，虽然不会因为社会的改变而改变，但它们不是一成不变的。随着科学技术的不断发展，新的发现、发明必然会得出新的结论和引发新的科学观点，会引起基础知识的改造和改组；也必然要求对科学教育内容进行调整、进行充实，要求摒弃那些被事实证明已经陈旧无用的东西，而把那些能反映新观点、具有先进性的基础知识引进到教材内容中去。教材所选的内容仍绝不允许带有丝毫的唯心主义和宗教迷信色彩。使学前儿童在科学学习过程中，从小开始学会客观、实事求是地看待周围世界，为以后形成辩证唯物主义的自然观、科学观和世界观打下良好的基础。所以，应选择那些能被学前儿童感知的、真实的、可靠的材料作为科学教育内容。

学前儿童年龄小，受其生活经验和活动范围以及身心发展的局限，难以理解抽象的科学概念和规律。因此，选编内容的广度和深度必须是学前儿童能理解和接受的。学前儿童科学教育的目的是科学启蒙，而不是也不可能是培养小科学家。但是启蒙性并不只是一味地“简单”“容易”，而低估了学前儿童的接受能力。科学教育内容范围过窄、程度过浅、分量过少，都会降低学前儿童的知识能力水平，阻碍他们的认知发展，抑制他们的学习兴趣。教师要正确估计学前儿童的理解能力，既不能过分低估学前儿童的能力，也不能拔苗助长，急于求成。总之，启蒙性强调的是学前儿童在教师的指导下，通过自己一定程度的努力而达到目的。

二、广泛性和代表性

广泛性指的是选择的学前儿童科学教育内容要尽量涉及多个方面，确保教育活动让学前儿童获得广泛的科学经验；代表性指的是选择的内容既能反映某领域的基本知识结构，又能代表时代和民族的特征。前者要求内容不仅仅局限于某一个或几个方面，从而让学前儿童认识到世界的多样性和多变性，帮助他们积累丰富多样的科学经验；后者要求教育内容体现现代科学技术和传统文化特色的同时，反映其中的基本特征。

自然科学涉及丰富而多样的科学内容，如物理现象、化学现象、动物知识和植物知识等。这些综合性的科学内容都是学前儿童可以通过适当的方式进行学习和探索的。同时，这些科学内容都以各种形式呈现在学前儿童的日常生活中，它们遍布于学前儿童生活的各种领域。学前儿童只要对身边的科学现象、科学事件产生兴趣，随时随地都可以进行科学探索。所以教师要能在日常生活中有意识地发现和寻找这些含有科学内容的现象，注意选择和充分利用它们来培养学前儿童广泛的科学兴趣。

学前儿童生活的周围物质世界，无论是大自然的生物和非生物，还是人工自然的科技新产品，都能激发起他们强烈的好奇心，使其产生无数疑问，提出各种问题。也就是说学前儿童探索科学的领域十分宽广。他们既关心远古的人类，也关心濒临灭绝的生物；既对海中的鲸感兴趣，也对陆上的小蚂蚁感兴趣；既喜欢用纸折出小飞机，也喜欢参观各种飞行器展览……所有这些都反映了学前儿童渴望了解丰富多彩、多变多样的客观世界的心理需要，只有为他们提供广泛的内容，才能满足他们对此的兴趣，使他们对社会有广泛的接触，为今后进一步学习积累丰富的科学经验和积极的情感态度。

学前儿童科学内容选择时要坚持广泛性，但这不等于什么内容都可以选用，过于繁杂、混乱的信息对于幼儿科学经验的储存和思维的发展都是不利的。广泛性和代表性作为幼儿科学教育内容选择要求的两个方面是相互联系、密不可分的。因此，在选择幼儿科学教育内容时，不仅要考虑内容的广泛性、多样性，还要注意内容的代表性，选择与儿童生活密切联系、能为儿童所理解并满足其好奇心的基础科学知识。只有这样，才能激发儿童的兴趣，为他们今后进一步学习系统的科学知识奠定坚实的基础。

可以这样说，广泛的科学教育内容中多是极具代表性的，而有代表性的科学内容构成了一个广泛而多样的内容体系。

三、地方性和季节性

学前儿童的思维特点决定了需要在直接接触、感知、观察、操作的过程中来探索周围世界，学习科学。所以，儿童学习的对象主要是周围的物质世界，与其所处的环境有密切联系。学前儿童科学教育活动的许多教材，主要是关于自然现象的内容，如四季、动物、植物、台风、雨雪、雷电等，这些教材能否顺利付诸实施，很大程度上受气候、环境条件的制约。因此，必须按照季节的变化和地域特点来选定、安排活动，以便能让学前儿童亲身体验，直接观察。

我国地跨寒、温、亚热三带，各地的自然条件、社会环境各不相同，生态环境、自然资源、风土人情也有很大差异，具有很强的乡土特点。学前儿童科学教育活动必须从实际出发，充分利用本土资源，发挥本地特色。例如，对于居住在海边的儿童来说，研究海洋生物或各种贝壳就比较方便，而居住在山区的孩子就很适合研究石头、树木；对于生活在热带、亚热带的儿童来说，认识椰子、龙眼等热带植物是适宜的。生活在城市的儿童，可参观科技馆、天文台，认识立交桥、地铁。农村虽然没有专门可供参观的科技场所，但农村却有得天独厚的条件，春天广阔无垠的田野里长着生机勃勃的庄稼，秋天到处是一片丰收的景象。科学种田的新鲜事随处可见：大棚蔬菜、无土栽培、现代化养鸡场……处处都是儿童学科学的好去处。

学前儿童科学教育活动要体现季节性、地方性的特点，但并不是绝对的，一些儿童非常感兴趣却又无法直接接触的内容，可运用图片、模型、录像、多媒体等形式让儿童间接感知，如了解“赤潮”“各种各样的恐龙”“宇宙飞船”等活动。

第二节　学前儿童科学教育的内容范围

《幼儿园教育指导纲要（试行）》没有明确规定学前儿童科学教育的内容范围，但是提出了7条“内容与要求”：

（1）引导学前儿童对身边常见事物和现象的特点、变化规律产生兴趣和探究的欲望。

（2）为学前儿童的探究活动创造宽松的环境，让每个学前儿童都有机会参与尝试，支持、鼓励他们大胆提出问题，发表不同意见，学会尊重别人的观点和经验。

（3）提供丰富的可操作的材料，为每个学前儿童都能运用多种感官、多种方式进行探索提供活动的条件。

（4）通过引导学前儿童积极参加小组讨论、探索等方式，培养他们合作学习的意识和能力，学习用多种方式表现、交流、分享探索的过程和结果。

（5）引导学前儿童对周围环境中的数、量、形、时间和空间等现象产生兴趣，建构初步的数概念，并学习用简单的数学方法解决生活和游戏中某些简单的问题。

（6）从生活或媒体中学前儿童熟悉的科技成果入手，引导学前儿童感受科学技术对生活的影响，培养他们对科学的兴趣和对科学家的崇敬。

（7）在学前儿童生活经验的基础上，帮助幼儿了解自然、环境与人类生活的关系。从身边的小事入手，培养初步的环保意识和行为。

以上的教育内容要求，除了第 5 条是关于数学教育的内容外，其他几条涉及的教育内容大致可分为以下几个方面：

（1）常见的事物与表象。

（2）发现事物与现象之间的内在联系。

（3）生态环境教育方面的内容。

（4）感受科学技术及其对生活的影响。

下面，我们就从这几个方面介绍学前儿童科学教育的内容范围。

一、了解自然事物及人与自然的关系

从学前儿童认知发展的年龄特点出发，选择和提取他们的生活经验和能力可及的范围内的事物与现象，使学前儿童能够看得见、摸得着，能用自己的感官去感知，能在直觉经验的基础上发现事物的属性或事物与事物之间的联系与关系，容易感兴趣的事物与现象。

1．认识动植物

观察动、植物的特征、认识它们的多样性，是从小班到大班都要进行的重要内容。通过观察动、植物（特别是观察真实的动、植物），学前儿童可以认识常见动、植物的典型特征，了解它们的生活习性，知道自然界中的动、植物是多种多样的：认识一些常见的花卉、树木和蔬菜，知道它们的名称和外形特征；知道植物是由根、茎、叶、花、果实、种子 6 个部分组成的，初步了解植物各部分的功能；知道植物有不同的繁殖方式等。知道动物有很多种，如家禽、家畜、野兽、鸟、鱼、昆虫等，它们都有区别于其他种类动物的特征；了解各种动物不同的外部特征和生活习性；知道动物是有生命的，它们需要水、空气和食物维持生命，否则就会死去；了解动物生活在不同的地方，有不同的行为方式，有不同的繁殖方式，有不同的食性，等等。

对于不同年龄的学前儿童，可以观察不同的动、植物。小班儿童可以选择他们熟悉的、比较典型的动、植物，如果是动物必须是比较温顺的。中班儿童可以选择一种以上的对象，让其在观察的基础上进行比较。对于大班的儿童，则可不限于观察真实的对象，可利用图片、录像等形式，让儿童初步了解动、植物的多样性，比如生活在不同环境中的动、植物。还可启发幼儿思考动、植物的形态结构和功能之间的关系，比如在观察啄木鸟时，可引发儿童讨论：啄木鸟的嘴巴是什么样的，为什么会长成这样；爪子像什么，它有什么用；等等。

2. 了解人体

孩子对自己的身体的兴趣绝不亚于对周围的事物，他们从很小的时候就开始了对人体的好奇，很喜欢问“为什么我这么矮，爸爸这么高”“为什么要吃食物才能够长大、长高”等诸如此类的问题。同时，孩子又很幼小，对自己的身体的保护意识不强，很容易在生活中或运动中不注意而伤害了自己的身体。因此将学前儿童对自己身体的认识纳入到学前儿童科学教育的内容中去，不仅满足了孩子的探究需要，而且也是学前教育的必需。

教师可以通过一些探索活动，以儿童能理解的方式来了解自己身体的外观、主要器官，在此基础上了解不同的人在身体上是有差异的，并且初步了解人的一些生理和心理活动、个体的生长和衰老，并懂得要爱护身体和锻炼身体，具体内容包括：① 了解人体的基本结构：头、颈、躯干、四肢以及皮肤、骨骼、肌肉、血液等及其功能。了解人体的感觉器官：眼睛、耳朵、鼻子、舌头、皮肤等及其功能。了解人与人之间既有共同的地方，也有不同的地方。不同种族的人在皮肤、眼睛和毛发等方面有差异，不同年龄、不同性别的人在身体特征上有差异。爱护并锻炼自己的身体。② 了解人体的生理活动：消化、呼吸、血液循环、排泄等。初步了解人脑可以思考问题，具有想象、记忆等功能。初步了解人有情绪、情感，学习应该怎样表达或控制自己的情绪。③ 认识到人是一个自然实体，每个人都经历着从出生、成长到衰老、死亡的生命过程。让学前儿童知道自己是爸爸和妈妈“造”出来的，是从妈妈的肚子里生出来的。④ 知道在任何条件下，都应该注意安全，保护自己的身体不受侵害和损伤，以避免不必要的痛苦。使学前儿童养成良好的卫生习惯，以预防疾病，健康成长。

3. 探索和发现动、植物与环境的关系

在观察动、植物的同时，还可通过具体的事实，引导学前儿童探索和初步了解动、植物与环境之间的关系，如动、植物的多样性与环境的相互关系。不同的环境中，生活着不同的动、植物。比如可以让学前儿童探索：哪些动物是生活在水里的、哪些植物是生活在水里的，哪些水果是热带的水果，在不同的环境里有哪些不同的鸟，等等。

动、植物的形态结构与环境的关系。可以在观察的基础上，探索不同环境中的动、植物，在形态结构上有什么不同，以及它们与环境之间的关系，比如：北极熊的皮毛是什么样的，为什么会很厚；大树的根是什么样的，为什么要深入地下很深的地方；等等。

动、植物的生长与环境的关系。可以让幼儿在种植、饲养活动中，或通过实验来探索动、植物的生长需要哪些环境条件，例如，种子发芽需要什么样的条件，蚕宝宝怎样才能长大，须要我们提供哪些条件，等等。还可以让幼儿初步了解动、植物对环境的影响，特别是植物对环境的净化作用。

动、植物和季节变化的关系，例如：冬天到了，动、植物如何过冬（有的动物会冬眠，有的动物会改变自己的身体状态，有的植物会落叶等）；春天到了，动、植物又有哪些变化。

动、植物和人类的关系。可以让学前儿童了解人类在生活中是怎样利用动、植物的，如认识竹子和竹制品；还要让儿童了解人类是怎样保护动、植物的。这一内容可以渗透到具体的认识活动中。

动、植物之间的关系，包括动物和动物的关系，动物和植物的关系。可以让儿童了解动物之间的朋友和敌人，初步了解不同动物的食性，例如，鳄鱼和牙签鸟是“好朋友”，狼则是羊群的天敌。

这些关于动、植物与环境之间关系的内容，并不要求儿童形成明确的概念，而只是通过具体事实获取相关的经验。在教育过程中，应该把这些关系蕴涵和体现在具体的内容中，而不能教给儿童概念化的结论。

4. 探索和认识人及动、植物与自然界中非生物的关系

自然界中的无生命物质，主要指沙、石、土壤、水、空气等。

(1) 沙、石、土。沙、石、土是儿童在生活中经常接触到的物质。学前儿童非常喜欢玩沙、玩土。对于这些内容，不仅要让儿童探索它们的物理性质，还要从生态的意义来进行教育。具体地说，可以让他们玩沙、石、土，感知并比较它们的特征；让他们了解沙、石、土在日常生活中的用处；此外还可通过探索活动让儿童知道沙、石、土都是覆盖在大地上的，但是沙和石头上都很难长出植物，而只有土壤上能够长出植物来，让学前儿童体会土壤和动、植物乃至和人类的关系，知道要珍惜土壤。

(2) 水。水是生命之源。学前儿童也很喜欢玩水，但是并不一定清楚水的重要性。因此儿童对水的认识，也应该包括两个方面：一是对水的物理性质的探索，二是对水的生态意义的认识。

关于水的物理性质，可以让学前儿童在玩水的过程中感受它的无色、无味、无臭、透明，但无须他们用语言描述；探索一些和水有关的物理现象，例如，水向低处流，水有浮力，水能溶解一些物质等；让他们探索固态、液态和气态的水以及相互变化的现象。

关于水的生态意义，主要包括：让学前儿童了解自然界中的水对于人和动、植物生存的重要性；让儿童了解自然界中的各种水源——江河湖海等；通过做实验、讨论等活动让儿童认识水对于生命的重要性；结合儿童的生活经验让他们懂得要节约用水、保护水源的清洁。

(3) 空气。空气也是生命所不可缺少的物质。但是由于它比较抽象，缺乏具体的形象供学前儿童探索，因此他们较难理解。对于学前儿童，只要让他们体会到空气就在人们的周围，人们看不见、摸不着它，但也离不开它。可以通过探索空气的流动（风）、充气等和空气有关的现象以及空气污染的现象来增强儿童对空气的感性体验。

(4) 人与自然环境的关系。自然生态环境的教育，特别要体现人与自然的和谐关系。应该培养学前儿童从小懂得人和自然环境中的事物是朋友的关系，从小关注周围的环境，保护周围的环境。

人与自然环境关系的教育，应该渗透和体现在认识自然界中的动、植物和非生物的内容中。比如，在观察小草时，要引导学前儿童和小草交朋友，关心和保护小草的生长。在探索土壤时，让学前儿童认识到土壤和人的关系，知道要珍惜宝贵的土壤。还可以向学前儿童适当介绍周围生活环境的污染状况及其危害，选择儿童能够直接观察和调查的现象和事件，对他们进行直观的教育，比如水污染、大气污染、噪声污染和生活垃圾的污染等，并且和他们讨论环境污染的危害。

也要向学前儿童介绍人类保护环境的行动，以及他们可以参与的环境保护的行动，并带领幼儿参加力所能及的实践活动，如植树等。

二、探究自然现象的特征与规律

世界上各种各样的自然事物（自然物体及现象）很多很多。物质世界在其变化和发展过程中表现出来的各种外部形态和联系，都是可以让学前儿童进行探索的科学内容。尤其是常见的自然现象，更能吸引学前儿童的好奇和探究欲望。这些现象，有的夜以继日、循环往复地出现，有的则神奇莫测、变幻无穷。它们发生在学前儿童的身边，激发着他们去探索和了解。

幼儿可以探索的有关自然科学现象的内容包括：气候和季节现象，常见的物理现象，简单、安全的化学现象，以及天文现象，等等。

1. 气候和季节现象

气候和季节现象是自然界中四季变换规律的具体表现。它影响动、植物的生长，也影响人类的生产和生活。让儿童观察和了解气候和季节现象，对于认识自己所生活的环境，主动地适应环境，以及保护身体的健康都有重要的意义。但是，学前儿童理解气候和季节现象也有一定的困难。这主要表现在，他们很难直接探索这类现象的发生的原因和全部过程，如云雨的形成等。而像四季更替这样的变化，由于延续的时间太长，学前儿童的理解也存在一定的困难。所以，有关气候和季节现象的学习内容，主要让他们熟悉可见的现象及其和人类、动、植物的关系，重在积累这方面的经验，培养学前儿童对周围自然环境的关注，具体包括：

（1）观察和感受不同情形下的风的不同。

（2）观察空中的云及其运动和变化，特别是不同天气时云的变化。

（3）观察并记录晴天、阴天、雨天等不同的天气现象，以及小雨和大雨等的不同。

（4）观察和探索冬天常见的天气现象——冰、雪、雾、霜等，夏天常见的天气现象——雷雨、彩虹等。

（5）认识四季的名称，观察其变化，感受并了解各个季节的典型特征，包括常见的天气、气温的变化，人类生活及动、植物的变化等，初步了解季节变化和人类及动、植物的关系，人如何适应季节变化等。

2. 常见的物理现象

有关物理现象的内容很丰富，同时随处可见的物理现象也便于学前儿童通过操作具体材料进行探索。按照涉及的学科领域划分，主要包括：声、光、热、力、磁、电等内容。

（1）声音。幼儿自出生起就对外界的声音作出反应。声音是幼儿最初了解世界的重要信息来源。在学前阶段，可结合听觉能力的培养让儿童探索有关声音的内容：

注意并辨别各种声音（自然的声音，人的声音，机器的声音等）；了解各种声音所代表的意义；探索各种能产生声音的物体和能产生声音的方法；探索各种声音的不同；通过游戏、实验等探索声音的传播；观察几种生活中常见的能传播声音的现代科技产品；探索它们是如何将声音传得更远的；了解噪声的产生及其危害……

（2）光。光既是自然界中普遍存在的现象，也和人类的生活密切联系。学前儿童可以探索的光的现象有：

认识各种光源（自然的、人造的）与它们的不同，了解光对于人的重要性。如果学前儿童感兴趣，还可向他们介绍激光及其应用。通过玩各种光学仪器（如平面镜、三棱镜、凸透镜、凹透镜）和日常的物品、玩具（如望远镜、万花筒等），探索光的反射和折射现象，通过实验探索光和影子的关系……

（3）热。学前儿童对于热的生活经验比较多，但对于热的现象很难进行研究和探索。可以结合他们的日常经验，让他们学习以下的内容：

感受有的物体热，有的物体冷。学习用温度计测量物体冷热的程度。探索并发现热的物体会变冷，冷的物体会变热。讨论可以用什么办法使物体变冷、变热。知道天气的冷热。讨论夏天怎样散热，冬天怎样取暖，并了解几种取暖或散热的产品……

（4）力。力是物体间的相互作用，是日常生活中常见的自然现象。运动是物质存在的基本形式。力和运动之间有密切的关系。自然界中的事物是永恒运动的，物体之间的力也是永恒存在的，有各种各样的力：重力、浮力、弹力、摩擦力等。让学前儿童探索力，不是让他们学习各种力的概念，而是启发他们探索和思考日常生活中的这些经验，从平常的事情中发现其规律。具体的内容有：

感受力的大小、探索发现力的方向，探索力和运动之间的关系，以及不同大小、方向的力和运动之间的关系。通过实验探索各种力（地球引力、浮力、摩擦力等）的现象。玩跷跷板、天平、平衡架等，探索平衡的条件，体验力的平衡。探索各种机械，发现它们的作用。探索各种自然力（如风力和水力）。了解人类对它们的利用……

（5）磁。尽管学前儿童并不理解磁究竟是什么，但是磁的现象由于其带有神秘和魔幻般的色彩，自古以来就吸引着儿童的好奇。爱因斯坦童年时就对罗盘针充满了无比的惊奇。学前儿童学习的磁的内容有：

探索各种大小和形状的磁铁，发现磁铁能吸铁的性质。对于稍大的儿童，还可探索不同磁铁的磁力大小。通过游戏或实验探索磁铁之间的相互作用，发现吸引和排斥的现象。玩指南针或磁针，探索指南针指南的现象。探索磁铁在生活中的应用，寻找哪些物品里用到了磁铁……

（6）电。电在人类生活中的作用越来越大，现在的学前儿童也能接触到很多和电有关的物品（家用电器、电动玩具等）。不能因为电有危险就禁止学前儿童接触和探索电的现象，相反要适当进行有关电的知识教育，使其了解电的作用和危险。这样既满足了儿童的好奇，又提前普及了预防事故的知识。学前儿童学习的电的内容有：

通过游戏探索摩擦起电的现象。初步了解日常生活中电的来源，知道电是发电厂通过电线输送来的。初步了解干电池也能够产生电，在游戏或实验中探索干电池的用途。了解废旧的干电池是有毒的，不能随便丢弃。探索各种家用电器的功能，初步了解电在日常生活中的应用。玩各种电动玩具或进行简单的实验操作。向幼儿介绍安全用电的常识……

3. 简单、安全的化学现象

化学现象在学前儿童的生活中也是比较常见的。但出于安全的因素，过去很少让儿童探索这类内容。而且，化学现象所反映的规律也比较隐蔽，很难让儿童直接探索。不过，有些化学现象的表现形式也是很有趣的，可以选择一些简单、安全、有趣的化学现象，让幼儿进行探索。比如，可以用游戏的形式让儿童探索碘酒和淀粉产生变色反应的现象。此外，还可从儿童的生活中选择那些他们常见的化学现象让其探索，比如食物发霉、蜡烛燃烧等。

4. 天文现象

学前儿童从小就对神秘的天空有探索的兴趣。他们想知道太阳公公落山以后在哪里休息，星星为什么会眨眼睛……但他们无法直接探索这些遥远的天体，同时限于思维的水平，很难理解那些抽象的天文知识，于是就会产生很多离奇的想象。比如有的儿童认为太阳落山以后就“躲到山底下睡觉去了”，星星眨眼睛是因为“有人在星星上用手电筒对着我们晃来晃去”。

在学前时期，不必向学前儿童解释各种抽象的天文知识，而要通过学前儿童能够直接观察到的天文现象，使其获取相关的经验。比如：可以让学前儿童观察天空中的太阳（注意不能用肉眼直接观察）；通过实验来让儿童体会到太阳能给我们带来光和热，这是人、动、植物生长所必需的；可以让学前儿童观察并记录月亮的变化；等等。如果学前儿童对更多的天文知识感兴趣，也可以引导他们从图书中及其他途径来获取知识。

三、感受科学技术对生活的影响

学前儿童生活着的世界，是一个充满着高新科技的世界，他们每时每刻都能感受到科技对生活的影响。教师应使孩子形成对衣、食、住、行以及娱乐中现代科技成分的初步印象，知道科学技术水平的提高，可以使日常生活用品不断升级换代，科学技术在现代社会生活和家庭生活中无处不在。

1. 认识学前儿童生活中常见的科技产品及其作用

（1）探索认识现代家用电器，如电灯、电话、电视机、空调、洗衣机、电饭锅等，初步学习简单的使用方法，并体会它们在家庭生活中的作用。

（2）探索、观察常见的各种交通工具，如自行车、摩托车、汽车、轮船、飞机等，比较它们的优缺点，并体会它们和人们生活的关系。

（3）探索并初步了解几种农业科技产品，如温室种植的蔬菜、瓜果，人工饲养的水产、家禽，以及经过加工的食品等。

（4）探索各种科技玩具。玩具的发展是科技发展的一个缩影，可以让学前儿童玩各种玩具：拖拉玩具、机械玩具、惯性玩具、电动玩具等，体会玩具的发展。

2. 了解科技产品的发展

科学技术的发展史，就是人类生活方式改变的历史。可以向儿童介绍常见科技产品的发展、进步，使其体会到它们与人们生活的关系。比如向学前儿童介绍灯的发展史，让他们探索、了解从古至今的灯是什么样的，人们是怎样照明的，由此体会科学技术的发展给人们生活带来的影响。还可以鼓励儿童讨论科学技术的未来，激发他们的想象力和创造力，萌发他们运用科技、造福人类的愿望。

3. 使用简单的工具

工具是人手的延伸，是技术的物化形式。我们可以让学前儿童学习使用生活中常用的工具，了解工具的用处。可以让儿童尝试使用小剪刀、小锤子，也可以让他们学习使用榨汁机、订书机等。这不仅发展了幼儿的操作技能，更使其获得了技术实践的机会，并在实践中认识了工具的用途。

4. 简单的科技小制作

教师不仅可以让学前儿童探索科学现象，还可以在此基础上，学习运用工具和材料制作简单的科技玩具，如做风车、做不倒翁等。学前儿童完成一个科技小制作和探索一个科学现象是不同的经验。他们不仅获得了亲手制作的经历，还获得了一些具体的操作技巧。这也是一种对技术的直接体验。

5. 介绍一些科学家的故事

可以向学前儿童介绍一些科学家的故事，如果有可能，也可以请附近的科学家来给学前儿童讲故事。这实际上是一种科学价值观的启蒙。它可以激发学前儿童热爱科学的情感和对科学家的崇敬之情，以及科学创造的欲望和运用科学为人类造福的愿望。

总之，学前儿童的科学教育，不是向他们进行抽象的说教，而是要通过学前儿童熟悉的内容，让他们在生动、具体的经验中，体会科学、技术和社会的关系，萌发正确的科学价值观。

第三节　学前儿童科学教育内容的选编方法

一、儿童科学教育内容的编排方法

教师在选择编排内容的时候，一般是按以下步骤进行的：

（一）选择课题

教师根据儿童科学教育的选编要求挑选出适合本班的儿童科学教育课题。

（二）排列顺序

由于儿童科学教育内容与自然有密切的关系，一般来讲，教师在为本班编排儿童科学教育教材时，是配合季节的变化，同时结合不同年龄班儿童的要求来进行的。在依据上述原则选择出适合的科学教育内容后，教师可以配合季节变化将内容编排在一起，使之成为一个有机的体系。

（三）编写教学计划

教师可以按周来考虑，以列表的形式加以编写，例如：

月	周	课题名称	主要内容和要求	教法建议	日常生活的配合	活动区的配合	家庭的配合
三月	一周						

（四）设计具体的儿童科学教育活动方案（教案）

二、学前儿童科学教育内容编排举例

【例 1】“马路上的车”的科学教育内容。

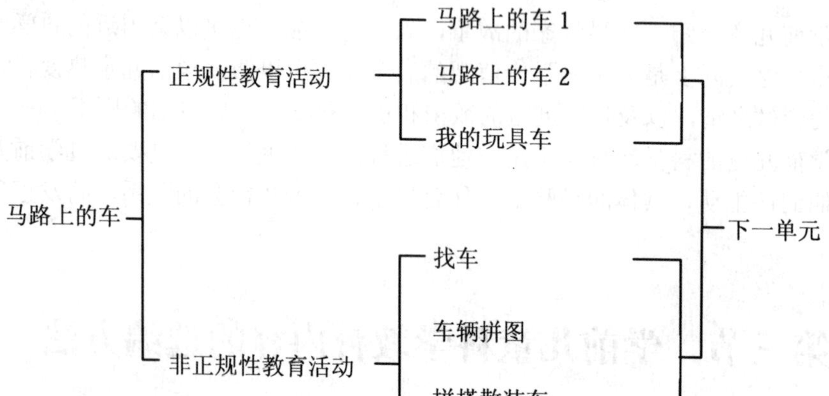

【例 2】学前儿童各年龄班科学教育（下学期）内容。

	小班	中班	大班
下学期	春天在哪里（柳树，迎春花和小草，春天穿什么）	春之歌（冬去春来，小燕子和青蛙）	春天的植物世界（春天的树，春天的故事，植物真奇妙）
	春天里的小动物（鸡的一家，鸭子嘎嘎叫，可爱的小猫）	春天的植物（葱和蒜，春天种植忙，圆圆豆类）	周围的世界（我的家乡，我们的地球，各种各样的泥土）

（续表）

	小班	中班	大班
下学期	交通工具（自行车和摩托车，红绿灯）	动物乐园（绵羊和山羊，动物的一家）	动物乐园（蚯蚓和蚕，动物百态，鸟儿飞得高，我喜欢的恐龙）
	生活多美好（小小一粒米，山楂真好吃，糖和盐，木头和玻璃）	动手动脑乐趣多（鸡蛋香喷喷，混合与分离）	有用的电（电有什么用，家用电器）
	太阳（光和影子）	石头和泥土，水	有用的水（水真有用，嬉水乐园）
	大家来游戏（玩水真快乐，玩沙子，好玩的泥土）	科技乐园（空气在哪里，光和影子，好玩的磁铁）	一切都在变
	夏日好时光（西瓜甜甜，怎样凉快，夏天真有趣，云和雨）	小星星	未来的小学生（文具和纸张，学校和图书馆）
	炎热的夏季（夏天真热，夏天乐趣多，电闪雷鸣，夏天的雨，夏天瓜果多，夏季讲卫生，夏日荷花红）	夏天蝉鸣	生与熟
			爱提问题的小问号
			现代通信

思考题

1．学前儿童科学教育内容的选编需要符合哪些要求？
2．简要阐述学前儿童科学教育内容选编的具体方法。
3．学前儿童科学教育内容的选编具有哪些特点？
4．请结合实例，分析学前儿童科学教育的内容范围包括哪些方面？
5．请参考实例介绍，自行设计一个系列的学前儿童科学教育的内容。

第四章　学前儿童科学教育活动的设计

学习目标

- 掌握学前儿童科学教育活动的分类结构。
- 了解学前儿童科学教育活动的过程及要求。
- 掌握预定性科学教育活动的概念及设计原理，并能运用。
- 掌握选择性科学教育活动的概念及设计原理，并能运用。
- 知道如何应对偶发性科学教育活动。

学前儿童科学教育主要是通过具体的儿童科学教育活动进行的，学前儿童科学教育活动的设计是儿童科学教育活动能否成功开展的重要环节，每一个优秀的科学教育活动方案都凝结着设计者的心血，儿童科学教育活动具有多样性的特征，这就决定了活动的设计也应当是各具特色的，当然，活动的设计需遵循一定的规律。那么，教师设计科学教育活动应该遵循哪些原则？学前儿童科学教育活动的设计方法如何？本章将着重讨论这些问题。

第一节　学前儿童科学教育活动概述

学前儿童科学教育活动是指教师利用周围环境，为学前儿童提供材料和机会，使他们通过自身的感官去探索周围世界、获取信息、发现问题、寻找答案的一种活动。

一、什么是学前儿童科学教育活动

学前儿童科学教育活动是有目的、有计划引导儿童活动的多种形式的教育过程。幼儿园科学教育活动是实现幼儿园教育目标的手段，是教师指导下的学前儿童的学习活动，它的形式是多种多样的。例如，根据活动性质分，可以将教育活动分为运动、交往活动、认知活动、艺术活动、游戏活动等。根据一日活动的组织分，可以将教育活动分为生活、学习、游戏等。根据教育活动的内容分，可以将教育活动分为语言活动、数学活动、科学活动、音乐活动等。根据教育活动的组织形式分，可以将教育活动分为集体活动、小组活动、个别活动等。

首先，此类活动是有目的、有计划的教育过程，并不是儿童随意自发的活动，应当在教师的组织和指导之下，以儿童为主体，有目的、有计划地进行。其次，此类活动是引导学前儿童主动活动的过程，没有儿童积极主动的参与，教育目标是不可能达到的。最后，科学教育活动是多种形式的教育过程，包括专门的科学教育活动、逐步渗透的科学教育活动等。

二、学前儿童科学教育活动的分类

学前儿童科学教育活动按照其教育方式可以分为正规的学前儿童科学教育活动和非正规的学前儿童科学教育活动。

1．正规的学前儿童科学教育活动

正规的学前儿童科学教育活动，是指幼儿园中教师按计划安排在专门时间组织全体幼儿参加的活动。按教师指导程度以及组织方式的不同，又可以将专门的科学教育活动分为预定性活动、区角活动和偶发性活动等。

第一，预定性教学活动中的科学教育。预定性教学活动中的科学教育，是指教师从学前儿童科学教育的目标与任务出发，有计划、有目的地选择课题，决定学习的内容、学习的方法和技能，并创设相应的环境，提供合适的材料，面向全体学前儿童开展的科学教育活动。简单地说，就是在教师指导下开展的集体性的科学教育活动。既包括以全班的形式进行的科学教育活动，也包括以小组的形式进行的科学教育活动。

第二，区角教学活动中的科学教育。区角科学教育活动是指幼儿在科学发现室或自然角、科学桌等场地内进行的科学教育活动。区角教学活动主要囊括幼儿园的区角、采集、散步等活动。它是为了增强学前儿童对周围环境、客观现象的认识和理解，积累生活经验与认知经验。

第三，偶发性科学教育活动。偶发性科学教育活动是指由外界情景诱发引起，并围绕着偶然发生的科学现象展开的一种科学探索活动，是科学教育中特有的一种活动。

上述 3 种活动形式都对完成和实施学前儿童科学教育的任务起了重要作用，它们三者之间是密不可分的。3 种活动形式在学前儿童一日生活中，彼此联系，相互补充，又可以相互转换。区角活动中的科学教育可以是预定性教学活动的前期导入活动，也可以是预定性教学活动的扩展延伸。在区角活动中，学前儿童感兴趣的、有教育价值的活动内容也可引入预定性教学活动中去。3 种活动有机地结合，既能发挥各自的特殊作用，又可共同促进学前儿童的智力技能和情感、态度等方面的发展。例如，在进行集体教学活动“奇妙的小镜子”之后，有些孩子仍有很高的兴趣，愿意进一步探索，这时教师就可以将这一内容以及材料放到区角或者科学活动室中，让他们继续探索。又如，学前儿童发现了正在爬动的蚯蚓，并且对之很感兴趣，教师可将这一内容纳入计划中，进行集体教学活动，创设条件指导学前儿童探索。

2．非正规的学前儿童科学教育活动

第一，日常生活中的科学教育。在学前儿童一日生活中，时时处处会遇到许多有关科学的问题。例如：早晨来园时，发现起了大雾；洗手时，了解水的特性；散步时，发现了小草的萌发。教师都可以不失时机地结合日常生活进行科学教育。例如：进餐时介绍今天

所吃蔬菜的名称、主要特征，了解其味道；散步时引导学前儿童观察开放的花朵；午睡时引导不蒙头睡觉；等等。在日常生活的点点滴滴中随机进行科学教育。日常生活中的科学教育，使学前儿童在生活中学习了科学，日积月累，获得了大量的感性经验，培养了相应的能力及态度，同时也丰富了学前儿童的生活，促进他们的身体发育。

第二，其他活动中的科学教育。科学学习还渗透到学前儿童其他内容和形式的活动中。例如，语言教育的任务之一是丰富学前儿童词汇、发展他们的思维和口语表达的能力。在进行语言教育的过程中，学前儿童必须要有对周围世界的认识，否则就无法理解词义，不理解词义的词汇再多也不能成为思维的工具，可以说学前儿童的语言是在认识客观事物的过程中发展的。又如在进行数的教育的过程中，要使学前儿童理解并掌握数的概念，就必须结合认识具体的实物进行，科学教育中学前儿童获得的感性经验是学前儿童数概念形成的基础。音乐和美术是人们用艺术手段表现对客观现实的认识，一支歌、一幅画，都反映一定的社会和自然的内容。所以在对学前儿童进行音乐和美术教育的同时，也是在对他们进行科学启蒙教育。在学前儿童进行体育活动时，根据学前儿童思维具体形象性的特点，幼儿园的体操与基本动作的走、跑、跳等体育活动常常是采用一些动物的形象和游戏的方式。所以在进行体育活动时，学前儿童也接受了科学教育。

第三，游戏活动中的科学教育。游戏是学前儿童的主导活动，是他们通过模仿和想象对现实生活创造性的反映。学前儿童在游戏过程中，为了使游戏顺利地开展，必定要对周围世界进行仔细观察和了解，否则游戏内容就要枯竭，游戏就不能成为教育学前儿童的重要手段。例如，在进行建筑游戏活动“美丽的外滩”时，学前儿童在进行拼搭前，一定会对外滩的建筑、绿化等有比较细致的了解，然后才能动手拼搭。而且在游戏过程中，学前儿童在对某一部分拼搭困难时，他会再次去观察、思考，这样就扩大了学前儿童的眼界，丰富了他们对周围环境的认识。

三、学前儿童科学教育活动的设计要求

学前儿童科学教育活动设计与指导的要求，是科学教育活动设计应遵循的基本准则，它既体现了某种理论观点和学前儿童的年龄特点，又反映了科学教育活动的客观规律。针对学前儿童科学教育活动设计而言，应遵循以下几方面的要求：

（一）趣味性

学前儿童的年龄特点决定了在设计与指导科学教育活动时，应考虑学前儿童的兴趣所在。趣味性要求是指设计与指导科学教育活动时，应充分考虑学前儿童的兴趣和需要，并能激发学前儿童学科学的兴趣。兴趣是人对客观世界的一种选择性态度，它具有明显的情感色彩。当人的选择持续倾向于特定的对象，表现为对某种活动或事物的关心和爱好，同时伴有一种积极的情绪，此种情绪往往是一个人活动成功的保证。因此，兴趣是学前儿童进行科学学习的心理推动力。

趣味性要求包含两层含义：一是设计的科学教育活动能考虑学前儿童兴趣所在。学前儿童年龄尚小，他们对于一些活动的、色彩鲜艳的、不熟悉的事物往往会非常好奇。教师

在设计活动时，如果能利用学前儿童的此类心理特点，设计的科学活动能吸引学前儿童的注意，使之产生浓厚的兴趣，他们就会积极主动地参与到科学探索活动中来，并且得到一种精神上的满足。二是通过所设计的科学教育活动，能引发学前儿童对科学探索的兴趣。虽然学前儿童对探索对象的好奇和兴趣，能使学前儿童始终保持积极的学习状态，但是事实上，学前儿童不可能对所有的对象都感兴趣，也不可能所有的学前儿童都对某一对象感兴趣。而且有时候，学前儿童感兴趣的内容，也并不一定是有益的，即“满足学前儿童的兴趣和需要本身并不是幼儿园教育的终极目标，而只是实现终极目标所必需的”。

在设计活动时，趣味性要达到的要求，可以在以下几方面加以特别注意：

第一，制定的活动目标不能脱离儿童的原有水平与生活实际，对于年幼儿童来说，科学教育的主要目的不是要求掌握知识，而是培养他们的探索态度、求知欲，过高的目标和不切实际的要求，容易导致学前儿童有失败感，并因此而挫伤了他们的兴趣，因此太难的教育内容和太深奥的科学原理，都是不适合的。

第二，在设计活动的过程中，可以设计丰富多样的活动形式。设计学前儿童科学教育活动要重视学前儿童自身的操作，教师不仅要让学前儿童看与听，更重要的是让学前儿童亲自动手操作。例如，让学前儿童认识自己的小脚，脱去鞋袜，用手摸一摸，闻一闻，试着走一走各种不同的地面，如硬的、软的、光滑的、粗糙的、木地板、石子、凹凸的地面。在脚上沾上不同的颜色印脚印。这些都令学前儿童觉得自己平时并不注意的小脚多有趣，同时对自己的发现很惊奇，使学前儿童始终对活动保持着很高的兴趣。如果采取让学前儿童被动接受、单一的活动形式，会使学前儿童很快感到枯燥乏味而失去兴趣。

第三，在设计活动的过程中，还应挖掘科学教育内容自身的趣味性。科学活动的内容涉及面广，包罗万象，其中很多是孩子感兴趣的、喜欢的，例如，可爱熊猫的憨态，菊花品种的千姿百态等，都是容易引起学前儿童兴趣的内容。但是也有一些对学前儿童来说是关键经验，却并不是学前儿童感兴趣的，在设计活动时，必须挖掘内容的趣味性。例如，前例所说的关于对自己小脚的探索，学前儿童一般并不会对自己的脚感兴趣，但是如果我们充分挖掘内容内含的趣味，将周围自然界的奥秘用各种方式呈现出来，就会使学前儿童兴趣无穷。

第四，重视活动过程的吸引也非常重要。科学探索的过程，是学前儿童科学兴趣发展的催化剂。学前儿童虽然年龄小，但是存在对自然科学爱好的潜在因素。只要适当地引导，这种潜在因素就能被激活，使他们对科学产生浓厚的兴趣。当学前儿童对引起现象发生的原因，比对他们所发现的科学现象本身更感兴趣时，说明他们正在发展一种更高层次的科学兴趣，此种兴趣不单单因为事物的刺激所引起的，而是一种探索欲望的表现，教师的活动设计应该有助于学前儿童科学探索过程的进行，促进学前儿童好奇心的满足和科学兴趣的发展。

总之，设计的科学教育活动应该既能满足学前儿童的好奇心，又能不断促使学前儿童产生新的好奇。

（二）发展性

在设计与指导科学教育活动时，首先应关注儿童的发展。发展性要求是指设计与指导科学教育活动时，应着眼于促进学前儿童全面的发展。这里所说的发展，首先是指设计与指导科学教育活动时应考虑学前儿童的发展水平，不可随意提高，也不可盲目滞后，所提出的教育要求和内容应以学前儿童身心发展的成熟程度为基础，其次是指科学教育活动应能体现早期教育的特征，促进学前儿童尽可能地获得全面和谐的发展。幼儿园教育的目的当然是为了儿童能得到尽可能的发展，科学教育作为幼儿园教育的一个内容和途径，当然也不例外。科学教育活动总是为特定的儿童群体或个体设计的，科学教育目标的确定，是在了解学前儿童现在已经能够做什么、知道什么、具备哪些能力的基础上，提出进一步的要求。也即要在学前儿童现有发展水平的基础上，找到前苏联心理学家维果茨基提出的所谓“最近发展区”。

要确定儿童的发展水平与教学的可能性的实际关系时，应当确定两种发展水平：一种是儿童在独立活动中所达到的解决问题的水平，另一种是在有指导的情况下借助成人的帮助所达到的解决问题的水平，两种水平之间的差异，便是儿童的“最近发展区”，或者说是发展的新的可能性。例如，在大班进行“四季轮换”教育活动，必须首先了解儿童原有的发展水平，并了解儿童通过之前的学习，已经获得了哪些知识经验，形成了哪些概念，又具备哪些能力，这样才能确定进行怎样的设计和指导，来促进儿童在原有的水平上得到发展。必须指出的是，不应当将这种具有发展新的可能理解成必然的、自发的发展，而必须把教育影响这一因素考虑进去，换言之，是在教育的影响下，学前儿童可能学会什么、理解什么，体现教育参与发展、引导发展，而不仅仅是让学前儿童自然发展。

有无教育影响或有无适宜的教育影响，儿童发展的方向与可能性是有区别的。当然在这里必须注意“两个发展”水平之间的匹配程度，或者说是“差距”要合适。一方面是儿童在适宜的教育影响下可以做到的，另一方面要注意不要人为地加速儿童的发展。例如，在进行“空气”的科学教育活动时，有的教师把“空气”目标定为“让儿童了解空气是地球的‘大衣’，地球上到处都有空气，空气无色无味，看不见，摸不着，很轻，压强大，空气能维持生命，传播声音，助燃，日用品与玩具需要空气”。这样的目标就是学前儿童难以达到的。

在设计科学教育活动时，达到发展性要求应注意以下几个方面：

第一，要把促进学前儿童发展作为科学教育活动设计的落脚点，也即在设计科学教育活动时首先应考虑的是“活动”对儿童的发展有什么作用。例如，在帮助学前儿童获得科学经验上有什么作用，或在发展学前儿童的能力、技能上有什么作用，等等。如果一味停留在原有的经验上，只是让儿童不断重复原有的经验，无疑这样的学习是毫无效益的，对孩子的发展也就没有意义。

第二，促进学前儿童的发展应是全面的。从理论上讲，学前儿童科学教育 3 个方面的目标是并重的，不存在孰轻孰重的问题，更不能只注重某一方面，而偏废了其他方面。例如，过去有些教师对知识的传授比较重视，而忽视了培养能力与发展科学情感、个性等方面的目标。但是如果相反，只是关注能力的培养，这样的活动也是不可能达成目标的。在每次具体的科学教育活动中，可以在某方面的培养上有所侧重，但不能有所偏废。一个好的活动设计应该是把达到 3 方面的目标有机地结合起来的。

（三）活动性

活动性要求是指科学教育活动的设计和组织应以活动为基本形式。活动，是人在与周围环境积极的相互作用中有目的地影响客体以满足自身需要的过程，是积极地对待客观现实并建立起与客观现实之间联系的形式。学前儿童最初获得的各种科学知识、技能和个性都是在活动中逐步形成的。活动是人的心理发展的基础与源泉。学前儿童的科学学习离不开学前儿童主体的活动。学前儿童的发展是通过不断地获得经验而实现的。这些经验不是由教师灌输给他们，强迫他们去获得，而应通过他们自身的操作活动，与事物产生交互作用去获得，是一个主动的发现过程。

强调活动性的要求，就是要通过科学活动，使学前儿童在活动中动手、动脑、动口，通过他们自身的操作活动与环境发生交互作用，从而获得经验、得到发展。这里的活动指的是学前儿童与材料、周围环境间的相互作用，包括学前儿童的感知活动和操作活动等，学前儿童只有通过活动，才能得到发展。

在科学教育活动设计中坚持活动性要求，应注意以下几方面：

第一，要正确把握活动的实质。引导学前儿童积极充分地进行活动，并非指形式上的让学前儿童动一动。学前儿童的认知产生于活动中的操作，可操作的对象不仅仅是客观的物体，还包括内部的智力活动或语言活动。设计的科学活动应该使学前儿童在有计划、有组织的多种活动中接受教育影响，更好地得到各方面的发展。

第二，要提供充分活动的机会，创造各种活动的条件。要使学前儿童真正地能在活动中学习，它依赖于教师所创造的各种活动机会和条件。这些活动机会和条件包括：充分的活动时间、充分的操作材料、充分的活动空间与机会，以及教师与学前儿童相互作用的条件、教育内容的条件、教学教具条件等，让学前儿童能积极主动地活动起来。

第三，设计的活动要从讲科学变为做科学，能使学前儿童积极地参与各种活动，并在活动中获得亲身体验。在参与活动中，学前儿童会碰到教师设计的一些问题情境，因为面对着已有经验无法解决的问题，就会造成认知冲突。学前儿童会通过动手操作、用脑思考、互相交流来探究问题的究竟。通过积极的动脑、动手、动口，探索、实际操作，亲自获取知识和经验，并且运用所学到的科学知识和经验，并在获取知识经验的过程中，促使学前儿童不断地探索，从中培养分析问题、解决问题的能力。

第四，设计的活动要注重过程而不是结果。须要说明的是科学活动并不是真正的不要结果。作为教育，如果连结果也不要，那就根本谈不上是教育。这里的不要结果，是指单纯地通过注入式教学获得的结果，是指只是注重知识获得的结果。科学探索活动的本质，不是简单的知识或内容的传授，而是过程或程序。此类科学教育活动不是将结果或内容直接灌输给学前儿童，而是通过让学前儿童亲历发现过程，使学前儿童积极参与活动和实践探索，从中培养学前儿童初步的获取信息、处理信息以及运用信息解决实际问题的能力。教师则应创设宽松自由的探索环境，使学前儿童主动地去发现问题，积极地探索，亲身体验，进行主动建构。

（四）开放性

开放性要求是相对于封闭式的教育活动而言的。开放性要求是指：学前儿童科学教育活动是一个开放性的系统，科学教育活动应为学前儿童创设操作的环境，让他们自己去实践、研究；给予学前儿童探索的线索，但不是直接指定探索的方向；鼓励学前儿童产生多种多样的想法，允许他们得出不同的结论。总之，在科学教育活动中提出开放性的要求，是由科学教育的本质特征所决定的。在封闭、程式化的科学教育活动中，教师对每一个教育内容、每一个活动环节，甚至于每一个提问都制定了详细的活动程序，更为甚者，在开展活动的过程中，一切都按事先编制好进行，不顾学前儿童当时的情况，单向、传递式地进行，教师始终处于绝对权威和控制整个活动的地位，而学前儿童完全处于被动的地位。而开放性则要求教育活动的程序不是千篇一律的，强调根据具体的活动内容和活动对象灵活多变和具有伸缩性，它否定对学前儿童的严格控制，鼓励和倡导学前儿童按自己的想法去寻找结论。学前儿童的科学学习内容应该来源于他们的生活，能让他们在积极探索、教师适当指导点拨的自由气氛中进行自主的学习。教师在进行科学教育活动设计时，应按以下做法设计出开放性的，而不是封闭性的学前儿童科学教育活动。

开放性的科学教育活动没有固定的程式，而是强调根据具体的内容和对象灵活多变和具有伸缩性，它否定对学前儿童进行严格的控制，提倡让学前儿童根据原有的经验和认知水平，在自由、宽松的气氛中进行自主的探索，寻求答案。

开放性要求体现在活动内容上，强调科学学习的内容要联系学前儿童的生活实际，整个科学教育活动，从开始到结束，都应该与学前儿童的生活经验联系起来，一次活动的开始应该来自学前儿童已有的经验，而每次活动的结束则应使学前儿童有进一步探索的可能，成为获取新经验的开始。科学活动的内容要渗透时代的精神，体现科学技术发展的新成就。

开放性要求体现在教学方法上，要求教师精心设计活动情境，给学前儿童创造一个开放的探索环境，提出能启发他们积极思考的问题。即使在座位的安排上，也应该有助于学前儿童和教师之间、学前儿童和学前儿童之间的多向交流，创设一个促进学前儿童能自由探索、自由发表想法的环境氛围，学前儿童有较大范围的自由度，能够自由地进行操作，进行开放式的思考，与教师、其他同伴进行自由的交往活动。教师提问也应是开放式的提问。教师的提问从开放性程度来区分，可以分为开放式的问题和封闭式的问题。其中开放式的问题是指一种问题可以有多种的答案，而不是只有唯一的一种答案。教师多提开放式的问题，有利于活跃学前儿童的思维，从多种角度去考虑问题，也有利于发展学前儿童的创造性。

开放性要求体现在活动的组织形式上要沟通各种途径的科学教育活动。从科学教育活动的形式来看，无论是哪一种活动都是开放的，即集体教学活动可以来源于选择性科学教育活动，而集体教学活动结束时又可引入选择性科学教育活动。选择性科学教育活动可以是集体教学活动的来源，而偶发性科学教育活动也不是孤立的行为，往往成为一个集体教学活动的开始。并且，学前儿童科学教育活动与家庭、社区的科学教育活动也是相互开放的。学前儿童科学教育活动可以延伸到家庭、社区，并且相互联系起来。

（五）整合性

整合性要求是指在科学教育活动设计中，将科学领域不同的内容、目标、活动形式进行有机整合，也是指将幼儿园课程各学习领域的目标、内容进行适当的整合。《幼儿园工作规程》提出，幼儿园教育的任务“体、智、德、美各方面的教育应相互渗透，有机结合”，各方面的教育内容要“合理地综合组织”，在幼儿园教育的途径和方法问题上，提出要“充分发挥各种教育手段的交互作用”。《幼儿园教育指导纲要》也指出：“教育内容的组织充分考虑学前儿童的学习特点和认识规律，各领域的内容要有机联系，相互渗透……”

无论是从国家的法规文件，还是目前幼儿园课程改革的现状与趋势，都要求在设计科学活动时要考虑活动的整合，综合地思考，综合地设计。

当前幼儿园课程，无论是哪一种具体的模式，大多是以综合性课程为主要倾向。综合性课程是以教育内容的性质和组织方式为标准来定义的。所谓的综合性课程，简单地讲，就是将课程中各种因素综合化的课程，而综合性课程中最为常见的是通过主题活动进行综合。主题活动则是以学前儿童的实际生活经验为基础，从学前儿童的需要和兴趣出发，用“主题”或“单元”的名称，围绕一个中心课题来组织学前儿童的学习经验和生活经验，也包括相关的学科内容。琳达（K.K.Lind，1996）认为：“在问题解决的活动中，以科学和社会学习两个领域为核心的综合活动是最为合适的。一种值得推荐的综合方法是，首先在基于这两个学习领域的教学活动中展示科学和社会学习的领域的研究，随后运用数学和语言技能，有些活动还可以将音乐、戏剧、美术等领域结合进来，以给予创造性的机会。”

学前儿童科学教育有两种不同的设计模式，第一种是以学科为背景的科学教育，第二种是以主题为背景的科学教育。无疑现在的科学教育是后一种模式。以往，科学教育往往被视为发展智力、培养科学教育探究能力的重要的、唯一的领域。如今，正如琳达所描述的那样，科学教育是以科学领域为核心的综合活动。合作、分享、交流、尊重和理解他人，这些过去属于社会、语言、艺术领域的目标也进入科学教育的领域。“沟通”（绘画、图表、语言、肢体动作）甚至被作为学前儿童科学探究能力的四大基本组成成分之一。科学活动中，包括集体教学活动和选择性科学教育活动，都与学前儿童各领域的发展紧密结合，自然地开发科学教育内容所蕴涵的多方面的教育价值，是设计科学教育活动的重点所在。

科学教育活动目标的整合。科学教育对学前儿童的培养是多方面的，既要使学前儿童获取一定的科学知识经验，也要发展学前儿童的能力、兴趣，培养他们对科学的情感，以及做事严谨有方的态度。这些是同一过程必然获得的几方面的结果，偏废任何一方面，都不可能达到良好的效果。目标整合是指各方面目标之间要统一设计，促进学前儿童身心和谐地发展。例如，在科学探索活动中对过程、结果等方面的记录，既是科学活动的目标，也应该注意到记录与交流本身，也是美术、语言等领域的目标。

科学教育活动内容的整合。一是指把科学教育的各类内容有机地加以整合，例如，在认识冬天的活动中，就将动物、植物、季节、人类活动等各方面的内容整合在一起。二是指把各个教育领域的内容按某一合理的方式整合在一起，例如，在“物体的运动”单元中，“影子舞”就是将学前儿童的表演活动（包括语言、身体动作）整合在科学活动中。

科学教育活动形式的整合。一是指把专门的科学教育活动的3种形式集体教学活动、区角活动、偶发性科学活动加以整合，将专门的科学教育活动和渗透的科学教育活动，包括对游戏加以整合。二是指各种组织形式的整合，将小组的、个体的、全班的活动加以整合。

第二节　预定性科学教学活动的组织与设计

一、预定性科学教学活动概述

预定性教学活动中的科学教育，是指教师根据学前儿童科学教育的目标和任务，有计划、有目的地选择课题，决定学习的内容、学习的方法和技能，并创设相应的环境，提供合适的材料，面向全体学前儿童开展的科学教育活动。简单地说，是在教师指导下开展的集体性的科学教育活动。例如，在认识“磁铁”的集体教学活动中，教师预先选择课题内容，设计活动方案，准备相应的材料即磁铁；可以被磁铁吸住的和不能被吸住的材料，如铁钉、木块、插塑、纸片、小布片、不锈钢杯子、棉花、回形针等，并在教师的指导下以一定的步骤开展科学探索活动。

由此可见，预定性教学活动是在教师预先计划好的、确定一个统一目标的前提下开展的，教师在整个活动中起了重要的作用。从根据学前儿童的情况确定目标，精心选择内容，创设环境，准备材料，到组织、实施活动计划的整个过程，都离不开教师的指导作用。虽然教师要考虑每个儿童的不同情况、因人施教，但因为是集体教学活动，因此更关注的是每个学前儿童都参与到预先设计好的活动中去。

预定性教学活动的组织形式，可以根据活动内容及班级的实际情况、学前儿童的具体条件，以全班或分组的形式进行。采用全班集体活动的形式，应考虑活动场地条件，是否能让每个学前儿童都有活动的余地及充足的材料，同时还要考虑在活动中对不同能力水平的学前儿童应有不同的要求。而分组活动的形式，则可按学前儿童年龄或发展水平情况来定，有时也可根据学习内容的要求而采取分组形式。分组活动又可分为分组同时进行和分组轮流进行两种形式。分组同时进行是指将班级学前儿童分成若干小组，各小组在同一目标的前提下进行科学学习，其探索的内容或操作方式可有所不同，教师分别予以指导。分组轮流进行往往是因为受到材料、场地、师资等条件的限制，教师先后对两个以上小组的科学探索活动进行指导，学前儿童交替地参与活动。另外，在开展集体教学活动的过程中，也并不排斥个别儿童活动形式。总之，不管采用以上哪一种活动形式，都要保证让每一个学前儿童都参与教师计划好的活动，并且力求全班达成预先确定的活动目标。

预定性教学活动的形式保证儿童掌握最基本的科学知识经验，以及学习一些方法和技能，并且集体教学活动由于是在教师直接指导下的科学学习，因此学习的效率比较高。另外，在预定性教学活动中，通过同伴间的相互交流和启发，能使儿童分享共同学习的成果，体验共同学习的快乐，培养如何与同伴合作、和别人进行讨论、倾听别人的意见等在其他组织形式中不能获得的结果。

二、预定性科学教学活动的设计

预定性科学教育活动的设计，就是对科学教育活动的各个要素进行处理，从而形成特定的相互关系的过程，即对科学教育活动的基本要素，包括目标、内容、教材、学习活动、媒介、时间、空间和环境、教学方法等，按一定的方式进行编制和处理。科学教育活动设计根据其可操作性和具体化的不同，可以分为不同的层次。这里的科学教育活动设计是指具体教育活动层次的设计，是根据已经拟订的计划或目标，对某一具体科学教育活动进行的设计。

（一）活动目标的设计

活动目标的设计是集体教学活动设计的初始环节，它是教师根据学前儿童科学教育总目标、该年龄阶段的目标、学前儿童身心发展的特点、班级学前儿童的实际水平，并结合本次活动内容的具体特点，对学前儿童提出的全面、恰当的要求。在理论上，这些要求应在学前儿童活动结束时都能达到。

在制定科学教育目标时，首先要考虑的是学前儿童已有的经验水平，其次要采用一些方法来确定目标。

1. 了解学前儿童已有的经验

学前儿童在学习本单元或内容之前已有的经验是什么，这一点对制定活动目标、开展活动是非常重要的，因此首先要了解学前儿童已有的经验。教师在引导学前儿童学习科学时，必须为学前儿童学习科学提供一个教学情境。这个教学情境是能够反映他们已有经验的，以使活动一开始学前儿童就能较快地辨别将要学习的内容，并用已有的经验，来解决教学情境中展示的问题，帮助自己学习新的知识。按照建构主义观点的知识观，学习者以已经存在的概念为基础积极地建构知识。学前儿童头脑中已有的知识是建构新知识时的“建筑砖块”，也是进行学习的基础。奥苏贝尔（D.P.Ausubel）认为，学生头脑中已有的知识是他同化新知识的基础，只有当已有的知识与新知识之间产生了本质性的联系，有意义的学习才会发生。例如，在学习有关“电”的知识时，学前儿童以往对电的了解，主要是从家庭生活中经常使用的电器来认识的，而这些电器是通过电路而获得电的，却是大部分学前儿童所没有的经验。但是，对手电筒等使用电池的小电器却不同，大部分学前儿童都有有关的经验，甚至有的儿童还会拆、装电池，使得电动玩具能发动。通过了解学前儿童对“电”原有的经验，准备情境化的教学，可以确保知识与技能的转移是直接的，并且是与学前儿童经验相关的。

当探索对象所带来的是学前儿童在他人帮助下能够解决的问题，他们就有可能去积极地投入、表达他们的想法，利用自己原有认知结构中的有关经验，去同化和索引当前学习到的新知识，从而赋予新知识以某种意义。这种对学习内容的观点影响学前儿童的学习。对学习内容的观点知识和观念的建构必定是在个体期望的驱使下进行的。这是指学习者必须觉得所要建构的知识是有用的或者有趣的。知识建构的这一特性是与“平衡”的概念联系在一起的。在生物进化的过程中，有机体都具有天生的生存潜能。而认知本身便是与有机体的生存密切地联系在一起的。学习者在认知建构过程中总是存在这样的趋势，即要不断地使自己头脑中已有的知识与新知识之间的冲突和矛盾减少。而这类冲突和矛盾又是学习者进行认知建构的原动力。在学前儿童已经知道鸟类是卵生的时，再认识一种未知的鸟时，就能了解这种鸟也是卵生的。如果原有经验不能同化新知识，则要引起顺应过程，即对原有认知结构进行改造与重组。

虽然，学前儿童已有的经验是学前儿童学习科学的基础，但是，从另一方面来看，在进行科学学习时，学前儿童头脑中已有的经验或知识是普通的生活知识，而不是科学知识，要将这些知识或经验转化为科学知识和概念是不容易的。因为原有的生活概念，必然对学前儿童建构那些与其有很大差异的科学概念产生负面的影响。当然，在学前儿童阶段，我们并不要求学前儿童掌握严谨的、真正的科学概念，但是，教师仍应了解学前儿童对所要探索对象可能具有的错误概念，即对所要探索的对象可能具有的迷惑甚至于错误之处。例如，因为看见过或者了解了某些动物生“小宝宝”，所以认为所有的动物都以胎生的方式繁衍下一代。教师如果能事先知道学前儿童因为没有正确的引导，而自发形成的错误观点，才有可能因此采取对策，制定活动目标，设计科学活动与经验，确保学前儿童在科学概念不是直接可观察时不会有自我建构错误观点的机会。

教师还应了解学前儿童对学习对象已有的日常生活用语。日常生活用语容易造成学前儿童观念上的混乱。可以采取一些办法，检查日常生活用语与规范化用语间可能的差异点。例如，向学前儿童清楚地指出两者之间可能的混淆之处，在一日活动的任何时候，都确保规范化用语的使用。学前儿童需要运用这些规范化用语去描述、命名他们的经验。例如，对“蒸汽”这一概念，很多学前儿童会以“水蒸气”这一日常生活用语来描述，教师如果预先能了解两者之间可能的混淆，就能帮助学前儿童学习时避免这一不规范用语的运用。

2. 确定合适的目标

活动目标应着眼于学前儿童的发展。活动目标的制定应适应学前儿童已有的发展水平。集体教学活动的设计是为特定的学前儿童群体设计的。制定目标的基础是对学前儿童的了解，只有在对学前儿童的认知水平、兴趣、个性特点各方面都有充分了解的基础上，才能设计目标。在设计活动目标前，首先应分析本班学前儿童的特点，然后再将科学教育活动学期或日计划中的目标具体化，以此作为确定目标的主要根据之一。在此基础上，考虑目标的筛选与确定。一般来说，作为班级教师，对于班级儿童的一般情况还是比较了解的。因此，要把重点放在与本次活动内容相关的知识、技能、情感态度上。例如，“光和影子”活动内容的重点是在其关系上，那么探索光和影子的关系就成了活动的主要目标。

活动目标的内容和要求，在方向上应与阶段目标、终期目标相一致。整个学前阶段的科学教育目标可以分为 3 个层次，即科学教育的总目标（或称领域目标）、科学教育活动阶段目标（或称各年龄目标）和科学教育的活动目标。从理论上看，这 3 个层次的目标应该形成这么一种态势，即若干个科学教育活动目标的积累，便构成了阶段目标，若干个阶段目标便构成了终期目标。每一项活动目标的实现，都是向阶段目标、终期目标迈进了一步。为了体现这一点，在具体制定活动目标时，就要根据学前儿童的年龄和发展水平，注意由浅入深、循序渐进地提出目标，使学前儿童从具体到抽象、从直接到间接地获得科学经验，提高各种能力，并形成相应的情感和态度。当然，这种高一级目标的达成，不是一朝一夕的，而是一个渐进的过程。

活动目标的内容应包括科学知识经验、科学方法、科学态度 3 个方面。科学知识是指科学经验的获得、初级科学概念的学习，包括通过活动，使学前儿童获得哪些经验，形成哪些初级科学概念。例如，通过活动，能使学前儿童了解动物的种类、外形特征和生活习性与人类的关系等。科学方法是指在科学探索活动中，使学前儿童哪些能力得到发展，形成哪些技能，学习哪些方法。例如，培养学前儿童细致观察的习惯及能力，帮助学前儿童用语言表达自己的观察结果，等等。又如，学习运用典型特征观察法，对某种动物进行较细致持久地观察，等等。科学情感态度包括学前儿童情感态度及个性品质的培养。例如，培养学前儿童关爱小动物的情感，培养学前儿童对科学小实验的兴趣，等等。

不管是从学前儿童身心发展的角度，还是活动内容特点的角度看，都不可能在个别、几次活动中包含各方面的目标。但是从科学探索活动的程度来分析，即使是最简单的活动也具有各个方面的价值功能。每一个活动目标可以有所侧重，但不能偏废。虽然在实践中，可以看到一些幼儿园教师并不将每条目标都以文字的方式写下来，但实质上，在教师的脑中，仍有各方面的要求。如果真正是只注重某一方面的目标，而忽略了其他方面的目标，即使是在一次活动中是这样，也是不应该的。

活动目标的表述应明确具体。第一种是行为目标。所谓的“行为目标”，指的是一种用可以具体观察或测量的学前儿童行为来表示的，描述的是对教育效果的预期。换言之，教师在活动后，能通过学前儿童的行为表现，看到目标的达成程度。行为目标的特点是目标中表述的行为教师能够观察与测量到，如“能将杯子按材料进行分类”“能说出小兔子的主要外形特征”等。行为目标具有可操作性强、容易评估等特点。但是有些内容是很难用行为目标来表述的，例如，学前儿童科学情感发展方面，无法在一次活动或几次活动中实现，更难用行为目标来表述。第二种是表现性目标（或非行为性目标、一般性目标）。所谓的“表现性目标”，指的是一种非特定性的、较广泛的目标。表现性目标并不明确儿童在学习后会产生什么行为，而就像是学习的主题或情境，儿童围绕它展开个性化的各种反应。它往往描述的是一种学习者身心的一般变化，如“乐意探究”“喜欢吃蔬菜”等。表现性目标虽然和行为目标不同，无法非常明确地看到学前儿童行为的变化，但是因其目标表述的宽泛性，比较适合表述中期、长期的目标。其次，表现性目标可以用来表述难以用具体行为来表现的情感态度方面的目标。

在活动目标的撰写中，具体采取什么形式的目标，这取决于所要解决的具体问题。如果是能用行为表现的内容，例如，重点放在基本知识和基本技能上的内容，一般可以采用行为目标的表述方式。如果是不能用行为表现的、不能逐渐发展的内容，表现性目标的形式就比较合适，如发展学前儿童解决问题的能力、鼓励学前儿童的创造精神、培养态度等。

行为目标有 3 个基本要素，即核心的行为、行为产生条件、行为表现的标准。在行为目标的撰写中，要根据以下 3 个标准撰写：核心的行为是期望学前儿童能够做到的行为表现，可以描述学前儿童做的结果或产物，往往用一个可操作性动词来表示，如“指出”“比较”等。行为产生条件是行为表现所需要的条件或背景，如“在室外”而不是“在室内”或其他场所。行为表现的标准是衡量学习者的行为表现可接受的程度，如“能说出两种水的重要性”，这里的两种，就是标准。也就是说，学前儿童能够说出两种水的重要性，就说明他达到了目标，如果只说出了一种，属于未达到目标。

根据这3条标准，在撰写行为目标时应注意3个方面：首先，目标中要说明具体的行为，即学习后学前儿童能做（说）什么，要将这些内容明确地陈述。目标的陈述往往是一个动宾结构的句子，如“能在教师的启发下，说出水的两种重要性”。句子中后面的“水的重要性”是内容，一般来说，宾语部分的内容与活动的具体内容有关，这一点相对比较好掌握，只要按活动内容细目安排就行了。而“说出”就是行为。其次，目标中还要说明产生上述行为的条件，即学习者表现行为时所处的环境、人、设备、时间等因素。例如，“能在教师的启发下”，就是条件。最后，目标中要指出评定上述行为的标准，即作为学习结果的行为可接受的最低衡量依据，这些依据可以是精确度、时间、完整性等。例如，上例中的“两种”便是标准。

表现性目标表述比较宽泛，相对好掌握一些。但是也常常会遇到这样的情况，在描述学前儿童的行为时，教师常用的术语往往会产生各种解释，例如：目标一，发展学前儿童的观察能力；目标二，教师指导（创造条件、引发）学前儿童学习……目标一所带来的问题是无法了解在进行了这样的活动后，学前儿童的观察力是否有了发展，而且这一条目标是放在任何年龄、任何活动都不能算错的。撰写的目标应该是明确的、具体的，尽量避免用含糊的和不切实际的语言陈述目标。还是以观察能力为例，从程度上，至少有初步、继续、进一步之分。从内容上，也有观察习惯、观察方法之分，而观察方法又有细致性、顺序性、目的性、理解性等。从观察类型上，有比较观察、个别观察之分。目标二所带来的问题是，目标陈述的不是学前儿童的行为，而是教师的工作或行为。在这样的目标指引下，教师只要指导了、创造条件了，也就完成任务了。因此，活动目标应该从学前儿童的角度去表述，指明学前儿童通过学习应该达到的目标。

（二）活动内容的设计

活动内容的设计，是指针对已选内容确定学习范围和深度。活动内容有时也被称为“内容与要求”。具体地说，活动内容的设计，是在已确定学习内容以后，针对内容本身，确定应该或可以让学前儿童了解的内容有哪些方面。例如，已经确定在班级（大班）中进行“电的用处大”的集体教学活动，活动内容的设计要考虑的有：向学前儿童介绍哪些有关电的知识，包括电的哪些性能、哪些用处以及与电有关的其他哪些知识（如安全用电）等；通过活动可以让学前儿童发展哪些能力，或学习什么方法；在活动中可以培养学前儿童的什么样的情感或态度等。

在活动内容的设计方面，很容易与活动主题的选择相混淆。一般来说，主题的选择（或设计）在先，然后才有具体内容的设计。在主题选择方面，集体教学活动的一个关键，是要选择适合开展集体学习活动的内容。科学活动中的许多内容，都不一定适合集体性的活动，而是适合个体，或者三三两两的探究活动。在一个主题单元活动的开展过程中，有一些环节是须要全班学前儿童（或者是小组学前儿童）进行集中探究、相互启发、共同学习的。有时候也须要教师对集体进行指导，或者总结。活动内容的设计可从以下几个方面入手：

1. 有助于学前儿童获得最基本的科学经验、能力和情感态度的内容

集体教学活动一般是以集体活动的方式进行的，即要求全班学前儿童在教师的安排下，集体性地开展活动。虽然在活动过程中，会照顾到个别差异，因人施教，但是总体来说，是在统一的目标指引下的活动。集体性质的教育活动的特点，就是要求所有的学前儿童都必须参与到活动中来，因此，所安排的内容范围应该是最基本的、最具代表性的内容，包括知识经验、能力方法和情感态度，以及在此指引下的学前儿童行为的培养，各方面都是如此。

最基本的、最具代表性的内容，应该是绝大多数学前儿童感兴趣的、有需要的内容。兴趣是最好的老师，不仅是学前儿童，即使是成人也是如此，当面对的是喜爱的东西时，学习起来绝不会感到劳累。世界著名的情绪研究专家依扎德指出："兴趣对思维和记忆的功能联系是如此的广泛，以至在缺少它们时，对智力发展之濒于险境的危险不亚于脑组织的损伤。"在活动设计时，必须要充分考虑学前儿童的兴趣和需要，将这些内容转换成活动的内容。而且学前儿童感兴趣的内容中，有不少蕴涵着丰富的教育价值，教师要善于分析、发现。虽然学前儿童的兴趣与需要是十分重要的内容，但是，并不是所有的内容都是从学前儿童的兴趣和需要而来的。还有一些内容，因为儿童的年龄、经验、生活的空间等原因，现在并未被他们关注，但是并不等于这些内容不重要。相反，这些内容从儿童的长远发展来看是必要的，但是并不是所有的儿童都感兴趣。因此，将科学领域中的一些内容转化为活动内容，也是活动内容的设计中需要关注的方面。只是，在设计这部分的内容时，必须比较谨慎，需要运用一些方法，使学前儿童能对之感兴趣。例如，同样是关于"土壤里有什么"的主题，一般学前儿童会对土壤里的昆虫等小动物感兴趣，但是对土壤里腐烂的树叶、沙子，就不如对动物那么感兴趣了。

在设计最基本的、具有代表性的内容时，往往会忽略了能力方法、情感态度方面的内容。这些方面的内容和知识经验同样重要，甚至于超越了知识经验的重要性。需要说明的是，这样的说法并不是代表了知识经验不重要，而且目前确实有从一个极端走向另一个极端的倾向，即忽视了知识的学习，这也同样是需要纠正的。能力方法的特性之一就是"问题性"，也就是说，它们只有在解决问题的过程中、在实际"做"的过程中才会出现并活跃起来。情感态度是伴随着活动过程而产生的体验，类似的体验积累得多了，就形成了有关的情感和态度。情感和态度不是教师教出来的，而是潜移默化的结果。在集体性科学活动中，设计一些需要学前儿童思考的问题，创设一些问题情境，使学前儿童自始至终地去感受探索和发现的快乐，体验科学探索需要的理性思考。在这样的内容中，学前儿童的能力、情感态度会得到很好的发展。

2. 容量合适的内容

内容的容量问题，在活动内容的设计中经常会被忽视。容量的合适与否，有时并不能很明显地表现出来，但是经常会在活动设计中发生。内容的容量表现在两个方面：一个方面是内容的不足，另一个方面是内容的超载。

内容的不足是活动内容设计中容量把握的问题。在设计活动内容时，有时候会因为过于考虑学前儿童的兴趣，而造成内容容量的不足。在一个科学活动中，满足于让学前儿童把玩一些物品，或者是设计了许多不同形式但却是指向同一内容的活动，这些内容虽然一遍又一遍地在进行，却是没有意义的，只是低水平的重复。例如，让学前儿童进行多次“沉与浮”的实验，但是每一遍都是同样的要求，让一个小组的学前儿童一起进行，只是准备的积塑、积木的颜色不同而已。没有任何挑战性，学前儿童也没有自己思考的需要和机会，最后，学前儿童会对科学活动兴趣索然。内容不足的原因，有时候是因为简单照搬教材的内容，而不考虑幼儿园所在地区的特点，以及学前儿童的已有经验，也有时候是因为没有很好地把握学前儿童的年龄特点，这些都会使所设计的活动内容容量不足，造成低水平上的重复。例如，让一个生活在海边的孩子反复地观察一种鱼，事实上，孩子早就对这种鱼非常熟悉了。

内容的超载是现在活动设计中比较明显的，甚至于严重的问题。其实不仅是活动内容的超载，而且是整个幼儿园课程内容的超载，在这里，不对课程内容的超载进行探讨，仅就活动内容的超载进行一些分析。但是，课程内容的超载确实是具体的活动内容超载的原因之一。活动内容的超载表现为两点：一是容量过大。在一节集体活动时间内，从小班的 15 分钟左右到大班的最多的 35 分钟，从一个内容转换到另一个内容，其结果是学前儿童什么也没有学到，反而浪费了时间。如果在有限的时间内无法完成预定的内容，教师就将时间延长，将学前儿童的游戏时间、自由活动时间都变成了集体活动时间。二是难度过高，内容的设计超出了学前儿童所能接受和理解的程度。学前儿童在无法理解的情况下，只能运用死记硬背的方法来将需要学习的东西记住。运用这样的方法学习的结果，只能是记住一些概念、名词，至于能力方法、情感态度的发展，就大大地被削弱了，甚至会因为被动的学习，而产生厌学情绪。

避免内容的不足和超载，一是要把握学前儿童的年龄特点，了解学前儿童不同年龄阶段所能够学习和应该学习的内容，避免过难过深的内容出现。二是要了解达成活动目标的关键经验是什么。集体教学活动，它是目标指引下的集体性的科学活动，内容设计时，就应该考虑为了达成这些目标，哪些是关键经验，其他的都不需要，或者说是不重要。例如，在科学活动“手的大小”中，其目标是让学前儿童学习测量手的大小的方法，而不是了解手是有大有小的。在活动中，通过学前儿童自己的讨论与实验，对两种方法进行了验证并得出了结论。三是要了解学前儿童已有的经验，不要进行无意义的重复。但是这也并不是说学前儿童已经历过的事物不可以引入内容中。对于学前儿童生活中经历过的事物，要进行扩展、整理和提升。同样是关于鱼的主题，如果教师考虑学前儿童已有的经验，可以让学前儿童将几种鱼进行比较。在比较活动中，虽然学前儿童对这些鱼已经比较熟悉，但是比较活动可以使学前儿童学习观察方法，学习了解鱼的一些平时不被注意的细微方面，也使学前儿童在细心、耐心等方面得到培养。

以上是一些关于内容设计方面的建议，在实践中，还要求能够根据不同的情况来进行具体的设计。内容的设计不能仅从一节活动来考虑，还需要从整个课程内容的总体来考虑，即要考虑整个课程内容的均衡性。

（三）活动材料与环境的设计

活动时所用的材料和各种环境是学前儿童科学教育的外部条件之一，教师应在科学教育活动前准备好安全、充足又能激发学前儿童探索兴趣的材料，设计学前儿童科学探索的理想环境。

1. 材料的设计

第一，目标。材料的设计是在活动目标确定以后才考虑的问题。要考虑选择哪些材料以达到既定的目标并配合活动内容。整个活动中所出示的材料，都必须围绕活动目标，不要有任何多余的材料出现。例如，为了使学前儿童能仔细清晰地观察蚂蚁的外形特征，就为学前儿童选择设计了装蚂蚁的小盒子，盒子的顶盖是玻璃的，既便于学前儿童观察，又防止蚂蚁爬出；盒子的侧面钻有细细的透气孔，使盒子里通气正常；另外还为学前儿童准备了放大镜，可以清楚地观察蚂蚁。这些活动材料的准备为学前儿童的活动成功乃至达成目标提供了保证。有些活动材料确实很吸引人，确实能吸引学前儿童的注意力和兴趣，但是在活动中并不是必须的，因为一些过于花哨的材料，容易使学前儿童分心。学前儿童会因为过于注意材料本身而忽略了探索活动，这样的材料就需要教师“忍痛割爱”，绝不要因此而影响活动效果。

第二，兴趣。选择、设计具有趣味性的活动材料，能激发学前儿童的好奇心和探索欲望，增强活动效果。具有趣味性的材料特别适合较小年龄的学前儿童，也适合刚参与探索活动的学前儿童。例如，在“会滚的轮子”中，教师设计了缺少一个或两个轮子的拖拉玩具，活动时一拉牵绳，该拖拉玩具便东倒西歪，不能往前，学前儿童在大笑之余，也直观地感受到了缺少轮子的不便，体验到了轮子的作用。

第三，数量。充足的材料是科学活动开展的保证，特别是供学前儿童操作的材料，更应保证足够数量。材料充足与否，直接影响学前儿童探索过程的进行，影响学前儿童科学经验的获取。数量足够的材料可以减少学前儿童的等待、闲逛和攻击性行为，提高学前儿童学习科学的积极性和效率。要为学前儿童提供数量充足的材料，并不是意味着给予学前儿童的材料越多越好，也不是说每样材料的数目必须和学前儿童人数相等。应根据活动的具体性质，确定材料数量与学前儿童人数的比例关系。活动材料的设计既要从学前儿童科学探索过程的需要出发，还要考虑客观条件的限制。一般认为，可操作性、实验性的活动需要每个学前儿童有一份材料，例如，在“有趣的玻璃片”活动中，应为每个学前儿童准备一份包括凹、凸、平三片玻璃和一幅与玻璃片相应大小的图片在内的活动材料；有的活动可以几个人或小组共用一份材料，例如，在认识鲫鱼的活动中，每组有一份包括鱼缸、活鱼、鱼食等在内的材料；而有的活动可以全班一份材料，例如，认识家用电器中的常用家用电器。全班共用一份材料的情况，一般来说是属于不宜让学前儿童进行操作的（如安全因素）或材料本身不易搜集的，等等。

第四，典型。在准备材料时，还必须考虑其具备的典型特征。通过特征鲜明的，并且能直观地感受到的突出事例，就能使学前儿童在脑中形成表象，从而获得科学经验。例如，菊花的品种很多，近年来，园艺家们也研究开发出了很多新的品种。有些菊花品种的外形、颜色与本来的菊花品种已相去甚远。在让学前儿童进行观察时，特别是在进行集体教学活动时，就应先提供一般的具有典型特征的菊花。这些具有典型特征的菊花，也就是在学前儿童周围环境中、生活中经常能接触到的，如白色菊花、黄色菊花等，而不应先让学前儿童观察各种“奇花”。以后在参观花展，或是第二次活动中，在让学前儿童了解菊花还有许多新的品种后，就可以让学前儿童观赏多种不同的菊花了。当今由于科技的发达，反季节植物很多，因此需要特别注意这一点。

2. 环境的设计

第一，物理环境。物理环境是学前儿童学习科学的一个重要因素与条件。从这一点来分析，环境的空间大小、安静程度、温度、通风、湿度、干净与否都会在一定程度上影响学前儿童的学习。很多科学活动可以也应该在室外进行，如采集树叶标本活动、种植活动等。应该说，大多数的有关植物、气候的课题都适宜在室外进行。有些课题可以在室外进行，也可以在室内进行，如有关动物的课题，应根据实际内容及气候情况加以选择。在天气晴朗、动物比较大型的情况下，适宜在室外进行，而一些诸如鱼、虫、龟等小型动物，相对可以在室内进行。有些内容则适合在室内进行，如物理方面的内容，包括一部分人体的内容等。因为物理的内容往往以实验的方式进行探索，须在比较安静、没有大风的情况下进行。而一些与雨、雪、冰、雾等有关的课题，则应选择在相应的天气情况下进行。无论是在室外还是在室内活动，都应选择在安静、干净、空气清新、无污染的地方进行，在这样的环境中可以使学前儿童静心地进行探索，学习科学。

第二，心理环境。宽松、和谐的人际氛围是学前儿童学科学的必备条件之一。学前儿童在这样的环境中，没有任何压力，喜欢尝试各种活动，活动容易取得成功。

在科学探索活动中，学前儿童用各种方式进行探索，这也是一种创造活动。许多心理学家指出，安全、自由的集体气氛是儿童创造力得以表现的必要条件。所谓的心理自由是指探索、表达、思维、感觉的自由，塑造自我的自由。一个人的心理自由感，也意味着承认和尊重他人的心理自由。心理安全是指感到自己被人承认，受到别人的信任。在努力的探索学习中感到自己被他人所理解。必须避免消极的和谴责式的评价，因为这样的评价常使人产生被威胁感。科学活动，特别是集体性科学活动过程中的这种“心理自由”“心理安全”十分重要。营造一种使学前儿童有“心理自由”“心理安全”感的心理环境，学前儿童便没有任何压力，愿意尝试各种活动，更容易取得成功。

① 教师和其他成人要给予学前儿童应有的信任，提供充分的机会，让学前儿童能够自主、独立地进行科学探索活动。教师的信任对学前儿童尤为重要，这种信任是学前儿童培养、增强自信心的基础，而自信心又是发挥儿童创造性所不可缺少的因素。② 应减少不必要的规定。在活动中，应尊重儿童，允许自由表达、自由探索。过多过细的限制，会使学前儿童因为害怕违反各种规定而紧张、焦虑，甚至压抑。③ 延迟评判，或者拒绝评判。就是在学前儿童做完一件事，或说出一种想法之后，不急于或不对他的言行作出评判或结论，而是让他处于一种自然发展的状态。例如，教师提问：“有什么办法，让传到管子里的声音被更多的人听见？”学前儿童可能有多种回答：“管子分叉”“管子开洞”“让声音出来”“管子上的另一头拔掉”等。教师并不在每个学前儿童回答后即时作出评判。拒绝评判能给学前儿童带来心理安全的感觉。试想，如果学前儿童一有想法就遭到评判（当然也包括表扬），或者想到一种探索方法就遭到制止，新的想法就不会紧接着出现，原来的想法本身也不会变得深入。不恰当的评价就是给孩子的思维划定框架。④ 对学前儿童表示诚恳的支持。赞扬、奖励是常用的方法，但也不能一味地这样做。当儿童的探索活动出现

了某种问题，并且学前儿童对其状况不满的时候，如果教师一味地赞扬，是不合适的，而应给予恰当的评价。但要注意，评价不应让学前儿童产生自己能力不足的想法，而应指明其现有的表现并未发挥他的真实水平和应有的潜在能力，这样才能激发学前儿童的求知欲和继续探索的行为。

（四）活动过程的设计

科学教育活动过程是为实现教育目标而对教育内容的具体展开，以及教育方法的具体运用，是整个集体教学活动的核心环节。所以，集体教学活动过程的设计，也就成为整个设计中的关键。换言之，目标设计是否到位、内容选择确切与否，都在活动过程中体现出来了。教师在设计活动过程时，特别应注意从活动目标出发，去考虑过程的各个步骤。

1. 活动结构的设计

教育活动的结构是指一次教育活动的基本组成部分以及各部分的顺序和时间分配。活动结构受到教育活动内容、活动方法、活动对象等因素的制约，是教师、学前儿童、教育信息等 3 因素多种组合的不同表现。在确定活动目标以后，设计者应对整个活动过程有个大体上的安排，这样可以使活动展开的线索清晰，更符合教育规律，最终使学前儿童在有条不紊的安排下开展活动。简单地说，活动过程应包括哪几个步骤，通过这些步骤，最后达成什么目标，这就是活动结构的设计。

科学探究活动有其一般规律，它有 4 个互相联系的步骤。第一个步骤是引起注意，或者说是提出问题，即开始关注要研究的问题，引起了探究的动机。第二个步骤，想知道答案，包括是什么、是怎么样的、为什么会这样、怎么来的、还会怎样等。既然想知道答案，那就先要假设，这是第三个步骤。假设是利用已有的知识经验，以及当前的问题提出假设：是什么样的、为什么会这样、采取什么方法可以知道等诸如此类的假设。紧接着，根据假设去寻找答案，或观察，或实验，或搜集资料，以获得对假设的验证。第四个步骤，将所获得的结果，以及获得结果的过程，与别人分享和交流。学前儿童的科学探索活动虽然简单，但也包含了以上几个步骤。

集体性科学活动往往以集体活动的组织形式开展，一次集体活动的开展有其大致的时间限制，上述所谈到的科学探究活动，是指人对科学事物、科学现象探究的整个过程，而不仅仅是一次性的活动。因此，集体性的科学活动根据其探索的不同阶段、科学对象的不同性质，就可以分为不同的类型。有人认为，集体性科学活动主要分为 4 种类型：观察认识型、实验操作型、科学讨论型和技术操作型等。无论哪一种类型，其主要活动过程一般都要经历以下 3 个阶段：

第一个阶段，引起动机阶段。学前儿童学习科学的先决条件，就是必须对所探索的对象有兴趣。学前儿童有了活动的动机与心理准备，才能促使他们积极主动地去学习、探索和发现。这个阶段也可称为导入活动阶段。这个阶段活动开展得成功与否，往往会影响活动的整个过程。在计划设计这个阶段时，教师首先应注意这个环节的目的，是为了引起学前儿童的学习动机，而不是真正的开始探索。因此时间上宜短，在短短的两三分钟内即应进入第二个阶段。为引起学前儿童的学习动机，这个环节应设计有趣的活动。根据学前儿童的心理特点及一般的心理规律，凡是新奇、变化的事物都容易引起他们的注意，使学前儿童的注意力集中于活动内容上。其次，在这一阶段中所设计的活动只有一个目的：将学前儿童的注意力、学习积极性导入课题。例如，在小班认识“五官”的活动中，教师一开始便说：小朋友，看看老师放在桌上的是什么？（小镜子）请小朋友照照镜子，看看自己的脸上有什么？短短几句话，符合学前儿童心理——照镜子，马上就导入了活动的课题——“认识五官”。

第二个阶段，主要活动阶段。这个阶段是整个活动过程中最重要的阶段，占时也最多，大多数的活动都在此阶段中展开。在此阶段中，教师要安排如何让学前儿童活动，用什么方法活动，教师要如何提问，如何出示教具等。如果是探索活动，教师首先要让学前儿童提出假设，然后再进入观察或实验。特别要注意的是，问题可以由教师提出（也可由学前儿童提出），但假设必须由学前儿童做。同时，在设计这一阶段时，教师首先要考虑的是如何使这个过程中的每一个步骤、每一个活动都有序。学前儿童的活动要有序，如果是观察活动，那么应考虑引导学前儿童先观察对象的什么方面，再观察什么方面，其他活动也是如此；教师出示教具要有序，先出示什么，再出示什么；教师的提问要有序，先提什么问题，再提什么问题；等等。其次，教师的提问、学前儿童的活动都应设计得有趣，能激发学前儿童的学习兴趣，能始终得到保持。再次，所设计的活动要有变化。教师的提问要有变化，例如，“认识五官”中的提问，在问到“五官”的作用时，不能全用同一种问法：“眼睛（鼻子）有什么作用？”可改变一下提问的方法或者语气，可以问：“眼睛用处真大，那么眉毛呢？”“眼睛、鼻子、眉毛、嘴巴用处都很大，那么，耳朵不要可以吗？”活动的节奏要有变化，各个活动有详有略，突出重点。最后，所设计的活动都应是通过启发引导，使学前儿童获得科学经验，发展各方面的能力，而不是灌输注入式，例如：通过引导学前儿童去发现自己得出结论；通过教师的提问、启发，深入观察，获得科学概念；等等。

第三个阶段，综合阶段，也可称之为整理阶段。在主要活动阶段过程中，学前儿童已经获得了丰富的经验和深刻的体验，这时需要教师引导学前儿童发表自己的见解，进行讨论与交流、评价等活动。在这个阶段中，首先要考虑如何让学前儿童整理小结，提升经验。对于中班、大班的学前儿童来说，可考虑让他们自己整理小结，而对于小班、中班的学前儿童，或者认识对象较复杂、内容较多的事物则可采取分段整理或教师整理的方法。不管用什么方法整理，时间都要短一些，对于学前儿童来说，经过前两个阶段的活动，到此时精力已不够，注意力也开始分散。因此，不适合再用大段的时间。当然，这里所说的整理小结，不限于运用语言整理小结，还可以运用其他形式，例如，用图像表现、动作姿势等进行。在时间上也可灵活掌握，有时可以让学前儿童休息一会儿再进行交流或整理，有时候可以即时进行。其次，综合阶段往往既是这一个活动的结束，又意味着下一个活动的开始，或者只是这一个活动的暂时结束，因为幼儿园的科学教育活动是一个连续体，每一次的集体活动只是这个连续体的一个点。因此，教师可以设计一些延伸活动，导入学前儿童的再活动。例如，将本次活动的实验内容放到区角活动中，导入学前儿童的再实验；又如教师布置一些再观察任务等。总之，要设计开放性的活动结尾，使学前儿童始终保持强烈的求知欲望。

活动结构的设计只是对整个活动过程作一个大致的规划，在设计好以后，就需要对结构中的各个要点作进一步的设计。

2. 导入活动的设计

如前所述，导入活动的目的在于“导”，导出学前儿童的学习积极性，将学前儿童的注意力导入活动课题。教师在设计导入活动时，可以考虑以下几种方式：① 利用多种物质材料。科学教育活动往往为学前儿童准备了丰富的物质材料，这些材料会引起学前儿童的求知欲望，教师可以利用这些材料来导入活动。例如，利用实物、图片、模型、可操作的材料等。这时，教师只要辅以简单明了的说明、提问或指令，学前儿童就能很快地随着教师的设计思路进入科学活动过程。② 利用各种文学艺术作品。文学艺术作品为学前儿童所喜爱，活动的导入阶段也可根据需要利用儿歌、谜语、歌曲等文学艺术作品作为导入的方法。例如，利用谜语“远看像只鸟，近看像只猫，晚上捉老鼠，白天睡大觉”，来导入认识猫头鹰的活动。③ 利用情境表演。情境表演是近年来国外向人们推广科普知识常用的一种方法，后又被引入学前儿童科学教育活动。例如，活动开始，由几名学前儿童表演一段情境，引出一个疑问，或提出一个问题，然后由全班学前儿童针对这个问题进行假设、讨论、实验、观察，来解决或回答这个问题。④ 利用环境设置。教师预先布置一个可以引出课题的环境，然后带领学前儿童进入这个环境，由此导入活动。例如，在一个门窗紧闭的屋子内，放入一锅冒着热气的肉汤，学前儿童一进入这间屋子，纷纷说“好香、好香”，教师就问大家：“闻到些什么气味，你们怎么知道的？”由此引出用鼻子闻到香味，教师就马上提出了认识鼻子这个主题。⑤ 利用直接指令或提问。有时也可以利用直接指令或提问，开门见山式地开始活动。例如，在认识交通标志的活动中，教师一开始就问：“马路上有各种各样的标志，你认识哪些标志？”有时也可利用直接指令，如在观察蚂蚁的活动中，教师带学前儿童到花坛边，提出要求：“仔细地找一找，看看在哪里能找到蚂蚁？”利用直接指令或提问的方式，一般比较适合于中班、大班学前儿童。

以上几种方法应根据具体活动内容来灵活选择，可用一种或两种方法。但不管是使用什么方法，都应从学前儿童已有的经验入手，这样才能使学前儿童比较自然地进入活动主题。

3. 学前儿童活动的设计

活动的设计是至关重要的，没有学前儿童的活动，科学教育的结果一定是失败的。学前儿童年龄小，他们还不会自己独立地学习科学。因此，教育活动的设计应强调教师的外部推动。同时学前儿童是一个能动的主体，任何外在教育环境都必须通过学前儿童主体的努力，才能促使学前儿童有进步。因此在科学教育活动的设计中，要变思考教师如何教为思考学前儿童如何学，从研究学前儿童入手，设计学前儿童学科学活动，引导学前儿童发展提高。学前儿童在科学学习中的活动包括身体动作和脑的活动两方面。身体动作又包括动口在内，同时，动口又是动脑的外在表现和结果。所以，学前儿童科学教育活动要努力改变“教师讲、学前儿童听，教师做、学前儿童看，教师教、学前儿童记”的消极被动的学习模式，充分地让学前儿童动手、动口、动脑，主动积极地去活动、去探索、去发现。

（1）操作活动。操作活动就是让学前儿童充分利用周围环境、各种设备材料，进行各种尝试，获得直接的体验与感受的活动。例如，在小班“有趣的鸡蛋”的活动中，教师设计了以下的操作活动：为孩子搜集准备了许多碎海绵、沙子、碎布、各种各样的瓶子、盖子、油泥、珠子等，让学前儿童操作探索："怎样让鸡蛋站起来？"孩子通过操作，让鸡蛋站在沙子里、油泥里、瓶口上……以此了解鸡蛋的形状。又如在"各种各样的电池"的活动中，教师为学前儿童准备了各种各样的电动玩具及各种规格的电池，让学前儿童通过自己的观察、摆弄、操作，了解装电池的地方及电池的大小配对，装电池应注意的问题等，从而引导学前儿童了解电池的作用。学前儿童的操作过程就是一个学习发展的过程，孩子们在操作过程中还发现了电池有 7 号、5 号、2 号等，电池上有"+""-"符号，有图形，孩子通过操作、思考后找到了装电池、玩电动玩具的窍门，增强了对科学探索的兴趣。

学前儿童是在动手操作、动脑思考的活动中学习和发展的。教师在为学前儿童设计科学活动时，要特别考虑该活动是否能使学前儿童动手操作。有些内容是不容易让学前儿童动手操作的，应想方设法让学前儿童操作活动起来。例如，在"认识眼睛"的活动中，一般来说，很难让学前儿童进行操作活动，但教师可以通过"照一照"（用镜子照眼睛）、"画一画"（用纸、笔画眼睛）、"比一比"（和小朋友比较一下）、"找一找"（找脸谱上的眼睛有没有画错）、"改一改"（脸谱上如有画错的地方就改一下）等各种办法进行操作。

动手操作的活动要反复多次，让学前儿童在多次操作、反复感知思考的基础上认识事物、了解自然规律。例如，在"认识电"的活动中，教师设计了 3 次不同类型的操作活动，让学前儿童通过不同内容的操作，了解电的作用。第一次，让学前儿童自己玩一些家用小电器（电吹风、录音机等）或电动玩具，了解怎么玩？发现了什么？第二次，让学前儿童试一试电是否真的能让东西发光、发热、发声或使机器转动。第三次，再次让学前儿童操作，这次操作主要是让学前儿童玩一下没有操作过的东西。这样，就能使学前儿童充分感知、经历科学发现的过程。

操作活动的形式是相当多的，小实验、小制作、采集、记录、种植、饲养、测量、分类等都是有趣的操作活动，教师要考虑在整个科学教育活动过程中学前儿童的操作活动，提供充分的机会以及工具、用品、材料等，尽量让每个学前儿童都动起手来。

（2）讨论活动。讨论活动就是把教学内容中的重点、难点和学前儿童的疑点作为问题向学前儿童提出，或由学前儿童自己提出，让学前儿童热烈地讨论，互相补充，互相启发，充分思考，发展提高学前儿童的思维能力和语言表达能力。以往的科学教育活动，过多地用一问一答式的教学模式。曾有人作过这样一个调查统计：在集体性活动中，最高的发言人次为六七十人次，人均回答两次，但作进一步的分析，发现其中有些儿童回答三四次，甚至四五次，有些儿童却一次也没有回答。所以学前儿童虽然在一起学习，而实际参与活动的机会是不均等的。这样一问一答式的教学模式，减少了学前儿童发言的机会，降低了学前儿童的智力活动的密度。要改变这样的状况，讨论是很好的办法。讨论可以让学前儿童人人动口，给每个学前儿童更多的说话机会，无论学前儿童处于何种水平，都可以得到发展。当教师把有关内容的重点、难点、疑点作为问题向学前儿童提出后，先不急于让学前儿童回答，而让学前儿童互相商量、热烈地参与讨论。例如，在"洗涤剂"的活动中，当学前儿童了解了有各种各样的洗涤剂后，教师提出问题："工人叔叔为什么要生产出这么多不同的洗涤剂？"然后让他们随意分组讨论，每个孩子都积极地参与讨论，在充分讨论的基础上得出结论：工人叔叔生产出这么多的洗涤剂，是为了使我们洗东西干净、方便、省力。

（3）发现活动。发现活动是不把答案直接告诉学前儿童，而是创设环境，准备材料，组织各种活动，带领学前儿童寻找答案，让学前儿童多动脑的活动。学前儿童科学教育的主要目标不是获取知识，而是激发兴趣，陶冶情操，发展能力，学习探索的方法。教师的注意力不应只放在学习“结果”上，而应注重学习过程，让孩子亲历科学家的发现过程。在教师精心设计的科学活动过程中，活动、尝试、观察、比较分析、概括，再找出答案，这是思维的体操，是培养学前儿童兴趣和能力的重要途径。例如，在认识“棉花”的科学教育活动中，教师并不是直接指导学前儿童去得出棉花有何特性的结论，而是通过为学前儿童准备各种材料即棉花、小瓶子、小盆子（内装有水、剪刀等各种材料），然后鼓励学前儿童用各种方法来玩棉花，比一比哪个小朋友玩棉花的方法多，在玩的时候让小朋友想一想，你发现棉花是什么样子的。学前儿童通过撕棉花、吹棉花，往空瓶里塞棉花，往有水的盆子里放棉花等活动，发现棉花能吸水、有弹性、很轻、能用手撕开等的特性。所以在科学教育过程中，凡是学前儿童能想的就让他自己想，凡是学前儿童能做的，就让他自己做，尽量设计一些能让学前儿童多动脑、多思考的活动，使其体验发现者的自豪，学习探索方法。

以上 3 类活动是从不同角度来阐述的，三者之间有交叉，如发现活动也可以同时是操作活动。另外，这 3 种活动也没能穷尽科学教育过程中学前儿童的所有活动，如除了动手以外，还有身体活动等。

4. 活动方法的设计

在设计科学教育活动时，活动方法的设计是很重要的一环。它既包括教师教的方法，也包括学前儿童学习的方法。前面已经介绍了各种不同的科学教育方法，在具体的科学教育活动过程中，这些方法一般都是配合使用的。

在科学教育过程中，教师既要反复研究每一次科学教育活动的目标，还要对各种教学方法加以比较，从中选择对实现教育目标最为有效的一种或几种方法来使用。一般来说，设计活动方法时应考虑以下几个方面：

第一，根据活动目标设计方法。科学教育的方法是教师为实现科学教育目标而采取的方法，它是为活动目标服务的。而在每次科学教育活动过程中，具体的活动目标又是不同的，因此就应采用不同的活动方法。例如，在介绍新知识时，教师可以安排一些观察、实验的方法，同时还可穿插一些信息交流的方法。在学前儿童已掌握了一些知识内容的基础上，就可以采用巩固知识能力的方法。又如在以发展分类能力的目标指引下，采用分类的方法进行活动。

第二，根据活动内容设计方法。科学教育内容具有广泛性的特点，涉及自然科学的许多学科领域，各部分的教育内容具有不同的性质，这对方法的选择和运用具有一定的制约性。从总体上看，科学教育多采用实物观察、小实验、种植与饲养等方法。从具体内容看，有关动植物、人体的内容多用观察的方法，有些植物、部分动物包括人体，可用实验的方法；动植物又可用饲养、种植的方法；非生物的内容多用观察、实验、测量、分类的方法。

总之，各种不同的内容，都必须考虑不同的活动方法。

第三，根据本班学前儿童的特点设计方法。从总体上说，前面所介绍的各种教学方法之所以成为科学教育中常用的基本方法，是因为它们既体现了教学的普遍规律，又符合学前儿童的年龄特点，能为学前儿童所接受，在实际工作中也是行之有效的。此外，还应看到，各种方法之所以构成一种独特的方法，是因为它们所采用的基本手段（直接感知、语言交流、动手操作等）各不相同，这些不同的手段对学前儿童的经验基础、认知能力有不同的要求。要使各种方法在使用时能达到预期的效果，就必须考虑学前儿童的实际水平能否适应这些方法的需要。一般认为，学前儿童年龄越小，直观的、游戏的方法越重要，随着年龄的增长，以语言为主要手段的方法可以适当增加；同时，年龄越小，在一次活动过程中采用同一种方法的时间要越短，因为年龄幼小的儿童注意力不易长时间集中。学前儿童的科学经验基础不同，在运用方法时，也要有所区别。在学前儿童对某些知识已有一定基础时，可采用信息交流等间接的方法；在学前儿童对知识或现象缺乏感性认识时，应尽量运用直观的手段。在设计方法时，还要注意班级特点，如学前儿童的知识水平差异、思维灵活性、表达能力等。总之，要从学前儿童的实际出发设计方法。

第四，根据幼儿园设备条件设计方法。由于各地区、各幼儿园的地理环境和物质条件有差异，教师在设计方法时，必须因地制宜，从学前儿童实际出发，选用切实可行的而且行之有效的方法。例如，农村的幼儿园和城市的幼儿园环境条件就有不同。农村的幼儿园，可充分利用周围的自然条件，进行实地参观、观察、种植、饲养等以认识环境；而城市幼儿园对一些诸如城市交通、现代建筑等内容的认识也可运用实地参观的方法，而对一些田地、饲养场等自然的了解，有时只可通过挂图、幻灯片、录像等方法进行。同样地区的幼儿园各种活动条件也不尽相同，有的幼儿园设备较齐全，使用实验方法时得心应手，而有的幼儿园设备仪器很少，教师就必须从实际出发，自制必要的教学用具，或设计其他的方法。当然，有些环境条件是靠人去创造的，教师应积极创造条件，以便更多地设计那些适合学前儿童的、效果明显的方法。

第五，各种方法的配合使用。根据教学论的基本观点，教育活动既然是学前儿童认识周围世界的一种特殊形式，就必然受到人类认识规律的制约。心理学在研究人类的认识过程时，既分析了人类对客观世界的认识需要通过感知、记忆、想象、思维等由简单到复杂（由感性到理性）的种种活动，又指出这些活动从来都不是单独存在，而是互相联系不可分割的。这就要求我们在设计方法时，不能把各种着重于进行感知促进记忆的、发展思维或想象的方法孤立起来使用，只有把多种方法配合起来使用，才能更好地完善整个认识过程。例如，外出参观（观察方法）可以使学前儿童直接接触周围环境，获得丰富的感性印象，却因客观环境中干扰的因素太多，致使学前儿童得到的印象比较零散。信息交流的优点在于帮助学前儿童加深印象，巩固知识经验，但它在学前儿童没有一定经验基础的情况下，是无法使用的。另外，在一次活动过程中，如果单纯使用一种方法，也会使学前儿童感到厌烦，注意力难以持久，最终达不到预期目标。各种方法除有自身特点外，它们之间还有互相渗透的关系，不能截然分开。例如，在运用观察法的过程中，离不开教师的提问和学前儿童对观察结果的回答，即离不开信息交流中的谈话的方法。又如在小实验过程中，也离不开观察法的运用。因此，在实际活动过程中，只有把各种方法配合起来灵活地运用，才能保证活动目标全面达成。

5．教师语言的设计

教师的语言对科学教育活动起至关重要的作用。在科学教育活动过程中，教师的语言主要表现在讲解、谈话和提问上。关于教师的提问，将在下一点中进行专题讨论。为使教师的语言发挥应有的作用，设计教师的语言时应注意以下几点。

（1）教师的语言应有明确的目的性。教师的语言要围绕科学活动的目标来进行，把学前儿童的注意力始终集中在活动的目标上，使科学教育活动过程始终保持应有的意识水平。例如，组织学前儿童观察季节特征时，教师应抓住季节与动植物的变化、人们的服装以及自然界变化间的联系和因果关系进行引导观察，不必去深入认识某一动植物的特征或描述人们的服装。

（2）教师的语言应具体形象。由于学前儿童的思维具有具体形象性、情绪性和情景性的特点，在科学活动过程中，教师运用生动形象的语言，不仅便于学前儿童接受和理解，而且还可以激发学前儿童探索的兴趣和积极性。为使语言具有形象性，可以抓住科学物体与现象特征，选择学前儿童易于理解的词汇进行恰当的描述。例如，在描述小白兔身上的毛时，可以说“小白兔身上的毛是雪白雪白的”。又如描述雨后的彩虹时，可以说“天空的彩虹真像一条七色的彩带”等。

（3）教师的语言应富于启发性。在活动中，教师所提的问题或讲解，能揭露事物的一定矛盾，能激发学前儿童在解决一定的矛盾的过程中进行积极的思维活动。教师对于学前儿童科学探索过程的指导，主要是通过提出有目的性、有针对性的问题实现的。教师的语言要抓住要害、逐步深入，要简单明确、难易适度，并且少用暗示的语言。如问：“公鸡身上有什么？什么使它会飞的？”还要注意积极引导，避免用否定式的语言，如“你不知道吧，这缸里有什么？”总之，在科学活动中要多用开放式语言，少用或不用封闭式语言。

（4）教师的语言本身应有逻辑性。这要求运用确切的语言，按照语法规则，层次分明，有条不紊，正确地表述，引导学前儿童逐步地分析，达到概念明确，判断恰当，推理合乎逻辑。例如，在“捕捉、观察蚂蚁”的活动中，可向学前儿童逐步提出下列问题：“仔细地找一找，看看哪里能找到蚂蚁？”“捉一只蚂蚁看一看，它长得什么样？”“仔细地看一看，蚂蚁在地上爬来爬去干什么？”“蚂蚁的家在哪里？”“蚂蚁发现食物后会做些什么？它用什么办法告诉同伴前面有食物？”“蚂蚁怎样搬食物？怎样搬小的食物？怎样搬大的食物？”……如果教师的语言或提问不合逻辑，学前儿童就无法理解。

6．教师提问的设计

教师对于科学活动过程的指导，主要是通过提出有质量的问题实现的。有质量的提问能推进学前儿童思考，促使学前儿童去探索、去发现。科学教育活动中的问题主要有两大类：一类是理论性问题和可操作性问题，另一类是封闭式的问题和开放式问题。

（1）理论性问题和可操作性问题。根据解答问题需要的努力或操作方式的不同，可以将问题分为理论性问题和可操作性问题。此种提法是由美国宾州大学教授艾菲克（Aifke）最先提出的。

第一种是理论性问题。理论性问题是一种需要高度的理论来解答的问题，或者是它的答案相当复杂，孩子无法真正地理解。这类问题通常以“为什么”开头，例如：“为什么现在世界上没有恐龙？”“为什么月亮是圆的？”这些问题的答案只能用阅读的方法或请教专家来找出。无论是哪种方式，很少学前儿童能从他所找到的答案中得到什么收获，因为他们根本没有那种认知结构或经验背景去理解。理论性问题是典型的儿童在遭遇新奇科学现象时会问的问题。虽然理论性问题的答案难以真正理解，但可阅读科学性读物充实这方面的知识，作为日后进一步深思或探讨的基础经验，或以其概括印象提供某种情感态度的基础。在整体科学素养的培养上，理论性问题仍有其价值。

第二种是可操作性问题。可操作性问题是一种可以通过学前儿童自身的操作来寻求答案的问题。这一类问题直接或暗示地指出，应该怎样利用科学材料去得到问题的答案。例如，问：“如果把纸放到水里，会发生什么事情？”解答问题的方式可以是让学前儿童把纸放在水中试一试。又如问：“蜡烛放在不同大小的玻璃瓶里燃烧，会有怎样不同的结果？”只要有这些材料，就可以试一试。学前儿童可以通过亲自观察、实验等操作活动，对可操作性问题找出答案。儿童在操作过程中不仅形成科学经验，熟练各种科学过程技能，也可培养他们的科学情感和态度。

既然理论性问题学前儿童难以回答，其答案是一种他们无法理解的科学道理，在活动中教师就要避免向学前儿童提出理论性问题，而尽量地运用可操作性问题。但是可操作性问题在运用时，也需要注意它的适切性。可操作性问题所涉及的是能力技能活动的层面，不是单纯的教师提问，然后学前儿童回答，而是一种需要在活动过程中通过学前儿童自身的探索活动得出答案的过程。因此，在设计教师的提问时，要考虑在一个活动中，哪些环节是可以提出可操作性问题的，因为一个可操作性问题的提出带来的是一系列的操作。

（2）开放式问题和封闭式问题。根据问题答案的性质，可以将提问分为开放式问题和封闭式问题。

第一种是开放式问题。开放式问题是指问题的答案应具有开放性，一个问题可出现多种答案，答案不是固定的、唯一的。例如，问：“你怎么发现的？”每一个学前儿童的回答会不一样，即使相似也不会完全相同。又如问：“石头有什么用？”石头的用处有很多种，而不只是一个答案。在科学活动中开放式问题的功能表现在以下方面：① 提醒探索发现：“蜗牛吃什么东西？”② 诱发预测：“如果……你想会怎样？”③ 引导深入探索：“为什么你认为天平那边会低下去？”④ 促进推理：“说说看，为什么会这边感觉干，那边感觉湿？”⑤ 鼓励另一种尝试：“想一想，你可以用什么办法，使蚯蚓从那一边爬出来？”⑥ 激发创造性思考：“如果……将怎么样？”⑦ 流露感情和价值：“这项活动，你们最喜欢的是什么地方？”

第二种是封闭式问题。封闭式问题和开放性问题正好相反，其答案虽然不一定是一个，但正确答案是固定的，是唯一的。例如，“母鸡会游泳吗？”“这个昆虫的名字叫什么？”“刚才我们看到的是什么？”等，这些问题的答案只可能是一个。虽然在科学活动中，教师大多会考虑如何提出一些开放式的问题，让学前儿童能充分地、开放式地思考，而且有时甚至认为封闭式问题是错误的，是和注入式教育联系在一起的。但是，封闭式问题在科学活动中仍有其必要性。在科学活动中封闭式问题的功能表现在以下方面：① 引导注意焦点：“哪一杯水最热？”② 协助回忆所学：“你刚才最先做的是什么？”“这些材料中，哪些被磁铁吸住了？”③ 回忆先前的观察：“豆子泡水一天后，和昨天一样吗？”“哪一棵树比较高？”

开放式问题和封闭式问题在科学教育活动中都有其各自的功能。封闭式问题是在直接指导一些主题内容、概念或过程中提出的，与之相应的教学方法包括讲解、说明和示范等。由于它们的解题空间有限，因此答案明确，可以预测。开放式问题不仅指向知识经验的获得，而且指向学前儿童的操作活动，指向科学探索过程。在教师的启发性问题下，学前儿童不仅需要回答问题，而且还能发现问题、提出问题，能促进学前儿童的求知欲、思维能力和创造性的发展。但是所学的结果，却不易被预测和评估。虽然在现代科学活动中，比较强调以开放式的问题为主，但是封闭式问题得到解答后的追踪问题，也常是开放性的，如“你怎么知道的？”“你怎么发现的？”“你能做给我们看吗？”这些问题往往是在“是什么？”……“怎么样的？”之类问题后提出的。特别是对于学前儿童来说，这样的封闭式问题更有其必要性。美国学者盖格（ Gage，1991）提出，为引导儿童学习，教师应兼顾闭锁式即封闭式（我国台湾学者大多将“封闭式”译成“闭锁式”）和开放式的问题。闭锁式的问题让学生的思考注意到单一变项，导致专注地学习；开放的问题则打开学生的思路，注意到多个变项，导致开放地活动。在学习过程中，两种问题配合使用效果才是最好的。

在教师的提问中，除了要注意用好不同类型的提问以外，在具体提问时，还应注意以下事项：我要问的对象——是谁（who），我要问的理由——是什么（why），我准备在什么场合问——何时（when）、何处（where），我这样问的好处——为什么值得问、学到了什么（what）、以什么方式呈现问题（how）。最后一点是在确定以上几个方面后加以考虑的。另外在具体提问时，还应该要考虑在一个集体教学活动中：提多少问题是适合的；所提的问题应该确定在什么层次：记忆、理解、应用、分析、综合还是评价；问题应该如何措辞，才能使学前儿童清楚地了解。例如，对于学前儿童来说，句子太长的提问，以及逻辑性不强的提问，都是不合适的。

7. 结尾活动的设计

学前儿童科学教育活动应该在学前儿童情绪还未低落的时候结束，形式可以是多种多样的，如可以采用故事式结尾、游戏式结尾等。无论是采用哪种形式，教师都应该鼓励学前儿童在集体活动结束后，继续在科学角、科学活动室、园地或家里等地方进行探索活动。因为集体教学活动是要受时间限制的，一般小班不超过 20 分钟，中班、大班不超过 30～35 分钟。但是学前儿童的探索欲望是无止境的，所以集体性活动的结束应该是开放式的，一般多采用布置任务、鼓励学前儿童继续发现的方式结束。

三、预定性科学教学活动的设计要求

预定性科学教学活动是在教师指导下开展的活动。教师在活动过程中的指导，不仅仅是体现在教育活动计划中既定的要求、设计的程序来使学前儿童获得科学经验、学习科学方法等。为了使活动达到预定目的，得到最佳效果，教师应在活动过程中更多地注意自己的教育对象。教师应随时根据学前儿童的表现情况，调整自己的角色身份，有效地指导科学教育活动。集体教学活动的设计，可从以下几方面入手。

（一）明确任务，引起兴趣，导入活动

指导学前儿童进行集体教学活动，从一开始就应明确活动的任务，激发学前儿童的兴趣，使学前儿童在好奇心的驱使下积极地投入科学探索活动中去。教师在进行导入活动时，应注意简短、有趣、有指向性。导入活动对于整个活动过程的开展很重要，成功的导入活动未必导致整个活动开展得成功，而不成功的导入有可能成为一次混乱活动的开始。教师要以对科学活动的热情，生动而简短的谈话，或以启发提问、儿歌、谜语等引起学前儿童对活动的兴趣和愿望，明确活动目的和要求，将学前儿童的注意力集中到活动对象上。如果是在活动开始时出示了活动对象，要让学前儿童对对象的整体观察片刻。不要以过多的语言分散学前儿童的注意，打扰学前儿童的观察。更不要制止学前儿童对活动对象的自由讨论和交谈，而要注意倾听、观察学前儿童的言行，以便有针对性地引导学前儿童观察。

（二）引导学前儿童运用多种感官、多种方法进行感知、操作

在集体教学活动中，教师的首要角色在于刺激、引导，而不是示范正确反应、说明知识，也不是纠正错误反应。当学前儿童遇到问题时，教师的重要工作是安排情境或提出问题，以暗示学前儿童注意线索。给予正确答案可能无法说服学前儿童，学前儿童只有在自己的经验中才会被说服。学前儿童是通过自身探索活动学科学的，因此，应重视学前儿童自身的活动。因为集体教学活动就是让学前儿童在活动中运用各种感官、多种方法接触或发现客观事实，从事感官探索、观察、实验、测量等活动。伴随着这样的活动，学前儿童内心就会产生好奇、猜测、感动及欣赏。

在集体教学活动中，教师应该指导学前儿童运用多种感官去感知客观事物。客观事物的特征是多方面的，在学前儿童探索时，应尽可能地让他们看清观察对象的全貌。这就须要指导学前儿童运用自己的各种感官来感知事物多方面的特征，使学前儿童能比较全面地认识事物。通过视觉器官感知物体的形状、颜色、大小、高低；通过听觉感知物体的声音；通过嗅觉感知物体的气味；通过触摸觉感知物体的轻重、手感、温度；通过味觉感知某些物体的味道等。教师还应允许和支持学前儿童用他们自己的方法进行操作感知，比较发现，引导学前儿童从多种角度去思考问题，从而获取答案。

（三）使学前儿童真正成为学习的主体

在集体教学活动过程中，应发挥学前儿童的主动性、积极性和创造性，使学前儿童真正成为学习的主体。教师可用启发性的提问、少量的指令来代替强制地灌输知识，引导学前儿童充分进行各种感知操作、讨论等活动。允许学前儿童在一定的范围内，根据自己的生活经验、自己的意愿、自己的步骤和方法进行学习；允许学前儿童为探索需要而移动位置；允许学前儿童结伴合作探索，或与同伴交流自己的发现、想法；允许学前儿童提出不同的问题或者要求教师提供更多的材料……在活动过程中，教师要尊重学前儿童，成为学前儿童的好朋友，当好学前儿童学科学的合作者、指导者、材料的提供者。同时，教师还要根据活动过程中学前儿童不同的表现，调整指导，而不是用一种方式指导不同水平的学

前儿童。例如，在“有趣的石头”活动中，教师既对每个学前儿童有基本的要求（采集不同的石头，观察、描述石头），又为学前儿童留有余地：鼓励、指导能力强的学前儿童在自己的发展水平上，用自己的方法，在不同层次上思考、理解石头的多样性；帮助能力弱的学前儿童观察、描述石头。学前儿童在活动过程中，会有一些新的想法、意愿，应允许他们进行。对于大多数儿童需要的、有教育价值的想法，应给予支持和鼓励。

（四）引导学前儿童学习用各种方式进行表达

学前儿童科学学习的目的并非将成人的知识堆积在他的记忆中，而是培养“成长的动力”，作为日后正式学习的基础及准备。因此科学教育就是让学前儿童在活动中接触或发现科学事实。伴随着科学活动，学前儿童会产生好奇、猜测、感动及欣赏，这些都为学前儿童的表达提供了丰富的材料。而学前儿童也乐于将自己的发现、感受、体验表达出来，相互交流，相互补充。因此，在学前儿童充分探索的基础上，引导学前儿童用各种形式表达、交流自己的发现，描述操作的过程、方法和结果，是集体性教育活动的重要部分。通过活动，使学前儿童所产生的触动及想法获得抒发，形成他深刻的经验，也是学前儿童继续探索科学的兴趣源泉。

在集体教学活动中，教师引导学前儿童表达的形式可以是多样的，可用语言、姿态、绘画、造型、音乐、律动等，也可以运用故事、戏剧、智力游戏等。学前儿童表达的内容也是丰富多彩的，可表达自己的经验（包括感知觉、运动觉、内部感觉和情绪体验）；也可表达自己的发现和创造；还可以表达自己感知操作的方法过程和结果。例如，在“认识水果”的活动中，学前儿童说：“我吃了香蕉，可没吃到种子，没有种子，香蕉是怎么种的呢？”这是学前儿童在表达自己的发现和疑惑。又如蜗牛爬在手臂上的感觉是“痒痒的”“黏黏的”，这是学前儿童在交流他们的经验和感受。

（五）要注意结束活动的时间及方式

集体教学活动有一定的时间限制，当活动达到了一定目标，学前儿童的活动也达到一定的高潮时，可以考虑活动的结束。首先，为了不挫伤学前儿童探索的积极性，以及考虑学前儿童的年龄特点，活动不要突然结束；其次，教师可采用多种方式结束活动，如简单小结、传递某些学前儿童不可能通过自己探索得到的知识、安排继续学习的任务等；再次，可安排一些延伸活动，让学前儿童继续探索，如让学前儿童在科学桌或活动区继续活动、提出一些新的问题，让学前儿童思考、探索等；最后，可以指导学前儿童一起整理活动材料，培养学前儿童良好的科学探索的习惯。

第三节　区角科学教育活动的组织与设计

一、区角科学教育活动概述

区角科学教育活动是指幼儿在科学发现室或自然角、科学桌等场地内进行的科学教育活动。区角科学教育活动包括学习性的区角活动以及散步、采集等一些科学探索活动。

区角活动包括学习性区角活动和游戏性区角活动。学习性区角活动是指在活动室的区角进行的学习活动，它主要指向幼儿对周围环境、客观现象的认识和理解，帮助幼儿积累生活中认知世界的经验。这里所指的区角活动包括两种类型。第一种是指在班级中所设立的活动区角，一般会设立科学区（自然角）、数学区、音乐区、美工区等，其中科学区就是专门从事科学活动的区角。第二种是指在幼儿园内专门设置的科学活动室（又称科学发现室、科学探索室）。虽然科学活动室的空间远比区角大得多，但就其功能和组织形式来说，与区角活动还是有共同之处的。

第一，区角活动需要教师为学前儿童创设一个宽松和谐的环境，提供丰富的材料和设备，供学前儿童按自己的意愿和兴趣，从自己的发展水平出发选择活动的内容，决定学习的方法。例如，在一个科学活动室内，有的儿童选择了放大镜和各种种子，他们运用放大镜比较各种种子的不同；有的儿童选择了电珠、电池和电线，他们在做会发光的小电珠的实验……在这样的活动中，学前儿童的探索活动比较自由，教师除了为学前儿童创设条件、设备外，也可作少量指导，特别是当学前儿童在探索过程中发现了问题、遇到了困难时，教师可作启发性帮助，提出一些思考性的问题，鼓励他们继续探索。

第二，区角活动是根据学前儿童自己的意愿和兴趣来选择并进行操作的，所以更能激发学前儿童学科学的积极性与主动性。当儿童发现了自己从未注意到的科学现象，或是问题得到圆满解决时，能让学前儿童充分感受到成功的喜悦，引起再探索的愿望，并能因此增强学前儿童的自信心，发展他们良好的个性品质。区角活动还有利于学前儿童独立能力和交往能力的培养。由于这类活动形式往往以学前儿童个人选择为活动方式，学前儿童是通过独立操作来完成任务的，所以，在独立操作、积极探索、发现问题、表达交流的过程中，培养了学前儿童的独立能力。区角活动又是自由宽松的活动，可以三三两两地与同伴商量、合作，进行操作及交流各方面的信息，学前儿童在这样的活动过程中，学习了如何合作，如何交流、表达，这对发展学前儿童的交往能力及社会适应性都有很大的促进作用。

第三，区角活动没有固定的组织形式。根据学前儿童的意愿及活动的需要，有的是以个别形式进行活动，有的是以几个同伴或小组的形式进行活动。至于他们究竟是和谁一起进行科学探索活动，完全是根据他们自己的意愿。

从以上的分析我们可以了解到，在区角活动中，教师主要是进行间接指导，为学前儿童创设环境、提供材料，并在活动过程中给予必要的指导。但这并非是说教师在活动前不需要对区角活动中的科学教育进行设计、任其自然。而正相反，区角活动同样要求教师进行精心设计，只是设计的重点与角度有所不同而已。需要说明的是区角活动的设计，因其特点往往是从一个时间段去考虑活动设计，即区角活动设计不能如同集体科学教学活动那样，将一次活动设为时间单元。一个时间阶段的长短，要根据班级所在幼儿园的情况而定。

二、区角活动中科学教育的设计

选择性科学教育活动的设计，因为其特点的关系，往往是从一个时间段去考虑活动设计，即选择性科学教育活动设计不能如同预定性科学教育活动设计那样，以一次活动为时间单元。一个时间阶段的长短，要根据班级所在幼儿园的情况而定。在选择性科学教育活动中，教师主要是进行间接指导，为学前儿童创设环境、提供材料，并在活动过程中给予必要的指导，但这并非是说教师在活动前不须要对选择性科学活动进行设计，任其自然。选择性科学教育活动同样要求教师进行精心设计，不过设计的重点与角度要有所不同。这里以区角活动为重点进行说明。

（一）活动目标的设计

区角活动是学前儿童科学教育的重要组成部分，起集体科学教学活动所不能起到的作用。由于科学的特性，很多科学活动内容都需要以个体或小组的方式进行探索与学习。在区角活动中，同样需要对学前儿童进行全面发展的培养，所以除了设计集体科学教学活动目标时必须注意的方面外，设计区角活动的目标时，应特别注意以下几个方面：

第一，根据学前儿童个别情况设计目标。区角活动的特点，是学前儿童在活动中具有较大的自由度和灵活性，可以根据自己的兴趣和需要，从自己原有的水平出发，用自己的方式进行选择与探索。根据这些特点，区角活动没有全班统一的活动目标，也没有如同集体科学活动那样的每一次活动都有明确目标。教师往往只为孩子提供、准备各种科学活动所需的材料和设备，创设时间和空间，营造科学探索的气氛。但是作为教育活动，它必定是有目标的，只是这个目标比较笼统、宽泛，是方向性的目标。例如，在某个阶段中，侧重点是培养学前儿童科学探索的兴趣，但究竟培养学前儿童对哪些具体事物或者探究活动的兴趣，学前儿童的兴趣水平如何定位，教师一般都无法给予确定。在这样的活动中，教师可以在对学前儿童观察了解的基础上，有意识地特别对一些学前儿童进行重点的指导，这些学前儿童大多是须要特别关注的。例如，有些比正常的孩子发展快，有些是有特别需要的学前儿童，等等。教师可以针对这样一些孩子的特殊情况，设计具体的目标。例如，班上新来了一名孩子，从未上过幼儿园，或刚从其他幼儿园转来，教师可根据这个孩子的情况进行专门的指导。

第二，根据活动情况设计、调整目标。区角活动的另一个重要特点，就是需要教师事先为学前儿童准备各种设备和材料，供他们进行科学活动。这些材料和设备的准备当然不是无依据的，而是根据活动目标、学前儿童的探索兴趣和需要而来的。目标的设计既要根据每一阶段活动的总体目标，又要根据前几次活动的具体情况来确定和调整，即本阶段活动目标的提出，往往是建立在前几次活动结果基础之上的。例如，教师注意到前几次活动中，部分学前儿童对透镜产生了浓厚的兴趣，他们发现了凹和凸的不同，活动结束时，还不肯放弃探索。有一个孩子提出："透过平的玻璃（学前儿童是与凹和凸的玻璃相比而提出的）看到的东西又是怎样的呢？"据此，教师调整了活动目标，提出了"让学前儿童玩平、凹、凸 3 种玻璃，并比较其异同"的目标。教师在区角活动过程中，应仔细观察学前儿童的活动，观察学前儿童在活动中的需求，了解学前儿童对材料的兴趣；观察学前儿童在探索活动过程中的情况，包括他们探索的方法、发生的困难，孩子之间的互动情况，以及儿童的个性差异、情感态度特点、认知水平等，以不断地寻找学前儿童学习的最近发展区，对他们提出进一步的发展要求。

总之，区角活动中的目标是清晰的、有序的，但是非即时的。

（二）活动内容的设计

选择性科学活动可以根据场地大小、材料的丰富性等条件进行内容设计，还可以结合班级的活动主题来设计。科学活动室场地比较大，可多设置一些不同的内容，每样内容又可多准备几份材料供学前儿童选择。科学角、自然桌的场地面积相对较小，设置的内容就只能在数量上减少，在品种上也要考虑某些占地较多的内容不宜摆放。但无论是怎样的场地，以及是否与活动主题相结合，区角活动的内容设计一般可归为下面几类。

1. 观察阅读类

观察阅读类的内容主要是通过眼睛观察，不宜用手摆弄操作。有的是用于对专用的科学探索室进行的墙面、门窗等的布置，有的是用于让学前儿童进行早期科学阅读的材料，也有的是用于让学前儿童参观的。

（1）适合于墙面布置的内容有壁画、悬挂等。壁画是挂、贴在墙上的有关科学内容的画面，如未来世界、古代动物、春夏秋冬景色、最冷最热的地方、科技发现史、天空海洋等，以及与之有关的物体。悬挂是在屋顶、窗口、门前悬挂各种模型、图片的飞机、飞船、火箭、各国国旗、小鸟、小动物、柳条、桃花、瓜果等，或布置成太空，垂吊各种星球、卫星等。

（2）适合于参观的内容有模型、标本、实物等。模型有大地球仪、地图拼图，还可制作各种模型箱，如海底世界、森林里的野兽、鸟的家、猿人生活、南极、北极等。模型箱的制作可在一面为玻璃的大木匣里，用背景图、玩具和废旧材料制作模型，组成各种场景。标本如各种动物、植物的标本。这些标本大都是无法让学前儿童触摸的，只能用眼睛观察。实物为各种有关的真实物体。

（3）适合于早期科学阅读的内容有图书、音像等。图书如书架、书袋里的科学画丛，各类科学图书。音像如录音故事、科学幻灯故事、录像、VCD、CD、DVD等。

早期科学阅读的各类材料，可以结合活动主题安排，也可以独立安排。科学发现鼓励学前儿童接触真实的事物，但是不可能将整个世界都带到活动室里来。在这里，学前儿童可以学习通过利用资源性的材料来扩展知识。如果需要结合活动主题，可以在一个主题开始前，去图书馆、资料室挑选与主题相关的合适的书本。例如，在“蚯蚓主题”开始前，教师就可以选择有关蚯蚓的图画书——《蚯蚓的日记》来配合主题的开展。

2. 科学玩具类

科学玩具类的内容大多为买来的玩具成品。目前市场上有很多新颖的科学玩具，这些玩具有的是利用一种科学原理建造并进行游戏的，也有的是建造材料比较新颖，如电动玩具、机动玩具、声控玩具、遥控玩具、磁性玩具、学习玩具、拼插玩具、其他（水车、电子琴……）等玩具。

3. 操作实验类

操作实验类的内容是可供学前儿童自己实验、操作、观察、探索的材料、物品。这些物品是学前儿童最喜爱的内容，也是区角活动中最关键的部分。通过对这些材料的使用，学前儿童能够越来越娴熟地使用天平、放大镜、测量工具，学前儿童需要使用这些工具来处理各种各样的自然材料和人工材料。操作实验类的材料，主要是有关电磁等物理、植物系列的材料，学前儿童可以用这些材料来进行实验、操作，获得各方面的经验。以下仅举几种为例。

（1）光：如各种镜子（平面镜、三棱镜、凸面镜、凹面镜等）、各种透镜（凸透镜、凹透镜）、调配颜色、三色镜、变色陀螺等。

（2）电：如会亮的电珠、摩擦起电、手电筒。

（3）磁：如走迷宫、龟兔赛跑、钓鱼。

（4）声：如音叉、响铃等乐器、小电话、敲鼓跳舞人。

（5）力：如天平、弹簧秤、转伞、搭纸桥、斜面板。

（6）空气：如不湿的手绢，哪支蜡烛先灭。

（7）水：如冻冰花，哪块手绢先干，沉和浮。

（8）化学：如葡萄熟了，变色牵牛花。

（9）种子：如黄豆、稻子、麦子的发芽。

4. 制作创造类

操作实验类的内容是可供学前儿童自己制作各种物品所需的材料工具，制作创造类的材料有两个方面。第一方面是某一种制作所需的特殊的材料，他们可以用这些材料来进行制作创造，获得各方面的经验，例如：

（1）各种玩具制作（科学玩具）：如风车、小电话、科幻画等。

（2）标本制作：如树叶标本、种子标本、花的标本、昆虫标本、树叶画等

（3）陈列品制作：如萝卜小猪、螺蛳壳小鸡、黄瓜鳄鱼等。

第二方面是一些基本的工具，是可以用于各种制作创造活动的、一些必备的通用材料：安全护目镜；绘画时用的工作裙或罩衣；放大器械，如手持透镜、虫子盒、三脚架和双向放大镜；双盘天平、勺子、舀子、滴管和镊子；碗、瓶子、装黄油的桶和杯子等容器；用来分类和储存的容器，如鸡蛋盒和有盖子的透明塑料小瓶；纸板的或泡沫塑料的餐盘，用来分类和混合物品；用来测量长度和质量的非标准化的工具，如计数器、大的金属垫圈和相互联结的立方块测量尺；科学发现日记和其他文字材料；清洁设备，如水桶、海绵、纸巾、垃圾盘和扫帚；大的新闻纸，用来画图表。

下面介绍几例幼儿园区角中的科学活动。

几种常见的幼儿园区角科学活动

多米诺骨牌

材料：麻将牌或其他材料（如纸烟盒、长方形积木）。

玩法：选择一种材料玩多米诺冒牌游戏，图形自选。

提示：当学前儿童学会基本方法后，教师可鼓励他们设计较复杂的图形，推倒的骨牌越多越好。

拧螺丝

材料：大小、粗细、长短不同的螺丝做成底板；各类螺帽。

玩法：寻找配对的螺丝螺帽，逐一拧紧。

提示：让儿童接触更多的自然真实的材质，帮助学前儿童走进生活，认识及接触更多用于作活动的材质。教师可根据儿童游戏情况决定材料的多少、难度的大小。

装电筒照影子

材料：手电筒零件；小帐篷里悬挂着的动物玩具。

玩法：学前儿童将零件拼装成手电筒后，钻进帐篷用手电筒照看影子，比较影子的大小、长短、清晰程度等。

提示：学前儿童积极动手操作，用自己制作的工具进行游戏，有很强的成就感。

汽车下山坡

材料：5 根铺有不同材质的滑道（有砂纸、毛巾、塑料等）；5 辆相同的小汽车玩具；记录用的纸和笔。

玩法：学前儿童将小汽车从不同滑道上滑下，观察哪辆车开得最远，比较不同材质摩擦力的不同，并进行记录、交流。

提示：也可提供相同材质的滑道，引导儿童通过垫高滑道的坡度来感知滑坡斜度对汽车行驶远近的影响。

编织能手

材料：各种颜色、粗细的毛线；简单的编织工具。

玩法：学前儿童可以选择自己所喜欢的毛线进行游戏。例如，编织简易的手套、毛领、围巾等。

提示：编织不同于其他的游戏，完成一件作品需要花费好几天时间，这就要求儿童必须具有一定的耐心，否则游戏将无法完成。教师应该注意提醒儿童，在没有完成作品的时候，应该做好个人的记号，以免被其他儿童拆除。

动物笼子

材料：纸板箱做的笼子框；回形针、彩色纸条、麦管段、珠子等。

玩法：选择各种材料编织动物笼子，如串麦管和珠子、黏纸圈、勾回形针等。

提示：材料选择上，以废物利用为主，能让学前儿童在寻找材料时会在生活中有新的发现。

（三）活动材料和设备的设计

区角活动中材料和设备的设计是关键，在设计材料和设备时，除了在性能上安全可靠等要求外，还应考虑以下几点。

1．材料的探索性

为学前儿童准备的材料应该具有探索性，即材料应和科学上一个重要的概念有关，使用这些材料应该能揭示许多有关的现象。例如，一盆水、一些小石子、铁钉和几片塑料片放在一起的这组材料，它们和“沉与浮”这个概念有关，使用这组材料能使学前儿童理解科学现象——有些东西放在水里会沉，有些东西放在水里会浮。换言之，通过对这些材料的探索，能让学前儿童初步了解一些科学概念和发展相应的能力。材料的探索性还表现在所设计的材料有多种组合的可能，能激发学前儿童自由地运用自己的方式操作、组合、改变它们，这些材料有较广的用途，能用多种不同的思路进行探究和发现。

2．材料的新颖程度

新颖有趣的材料容易引起学前儿童的注意，吸引他们去探索。例如，探索电的用途时，可以准备各种电动玩具或家用小电器，让学前儿童通过玩这些新颖玩具或小电器来了解电的用处之大。学前儿童在活动中，每个人都亲自将电池装上拆下，来了解电动玩具的玩法，同时也了解了电的用处。通过这些新颖有趣的材料，吸引了学前儿童的注意力。有的材料表面看上去也许并不觉得特别，但是只要使用得当，学前儿童会从中发现无穷的乐趣，例如，在“物体的不同与相同”单元中，教师运用了许多材料让学前儿童来探索。其中有一组材料是这样准备的：纸袋、各种各样的羽毛，另外一些物体（如贝壳和树叶），学前儿童会将自己的一袋羽毛用各种方式分类，如漂亮的羽毛和不起眼的羽毛。“漂亮的羽毛”就以一种新颖的材料吸引了学前儿童。

3．材料的易理解性

材料的易理解性是指操作方式上的易理解性。学前儿童对材料的操作方式是否理解，会影响他们对材料的最初探索。对于学前儿童来说，特别是小班儿童，设计的材料要能使他们一看就明白其操作方式，使他们拿到材料很快就能进入探索过程。有些材料，儿童不知道怎样玩，结果容易使儿童放弃或去做与探索无关的事情。例如，一个天平和一组不同质量的材料呈现在儿童面前，儿童就容易理解。材料的易理解性对于不同年龄的儿童来说是不同的，除了在材料设计时应考虑以外，在指导活动时也可以教师介入的方式减轻学前儿童因对材料的不理解而带来的困难。

4．材料的丰富性

材料的丰富性是指要为学前儿童的选择性科学活动提供种类丰富和数量充足的材料，

这样可以给学前儿童提供较多的选择机会，并有效地减少学前儿童无所事事、相互间争执等现象，同时也为他们根据自己的需要选择材料提供物质基础。一般来说，一个科学活动室内可提供8~10个种类的材料，每组材料以3~4份为宜。如果材料种类过多，也会造成学前儿童因为新刺激过多而不断变换内容的情况。每组材料保证一定的数量，还能使学前儿童进行相互交流，获得有关活动方法、活动对象结果等各方面的信息，进而使自身的探索活动不断深入，并能较持久地维持对该活动的兴趣。需要注意的是，新近投入的材料的数量一般要稍多一些，因为学前儿童会对最新的材料关注较多，流连的时间也会较长。如果新投入的材料过少，则不利于学前儿童的选择。

5. 材料的层次性

材料的层次性是指要为学前儿童提供符合不同层次需要的材料，以便于不同水平的儿童按自己的需要进行选择。材料是选择性科学活动的物质基础，什么样的材料，就能引发什么样的活动，进而达到相应的目标。例如，在“斜坡”的一组材料中，教师设计提供了平面板、小球，另外还提供了一些积木，可供学前儿童放在条板之下，使斜面构成不同的坡度，使他们发现，在不同的坡度上滚下的小球的速度会不同。为了增加层次性，教师还可以提供不同平面的条板，如光滑的木板面、比较粗糙的贴有布面的条板等。还可以为学前儿童提供三角形、正方形等不同形状的材料，让学前儿童尝试比较小球滚下的速度。学前儿童的认知水平不会统一，教师在设计材料时，将要投放的材料与学前儿童通过材料可能达到的目标之间进行不同层次的分解，以适合不同儿童的不同需要。学前儿童在多层次的材料中进行选择，既适应了儿童今天的需要，也能在儿童发展过程中，不断地提供最近发展区，使学前儿童面临新的挑战，以此得到不断发展。当然，此种层次性也是在动态发展中，需要一直根据学前儿童的发展而作出调整。如同以上的例子中所提到的，不同的板面可以在活动前就一次性设计、提供，也可以根据学前儿童的实际情况逐渐地提供。圆形、三角形、正方形材料的提供也是如此。

三、区角科学活动的设计要求

区角活动是学前儿童学科学的重要途径，在区角活动设计中，教师可从以下几方面入手。

（一）创设良好的心理环境

良好的心理环境是指学前儿童学科学的良好心理气氛，是进行区角活动的前提。教师应提供大量的实践机会和各种教育活动，支持他们按自己的兴趣去参与探索活动；鼓励他们大胆探索，大胆表达自己的想法和做法，肯定、表扬儿童点点滴滴的进步；教师经常以同伴的身份和儿童一起进行科学探索活动，让儿童感受到教师对他们的关心和爱护，使师生间的关系变得积极融洽。在这平等、和谐的气氛中，儿童的学习就会无拘无束，使其主动性、创造性得以发挥。

（二）应让学前儿童自由选择活动内容和材料

在区角活动中，摆放在学前儿童面前的是丰富多彩的活动内容，由于活动内容的丰富性就使得学前儿童的自由选择成为可能。在活动过程中，应让学前儿童真正地按自己的兴趣和意愿、自己的水平和需要来选择活动内容与材料。当然，在这样的选择中，一定会有一些情况发生：某些内容没有学前儿童选择，而有的内容，特别是新投放的内容选择的人比较多。教师可采取各种方法进行调整，如新投放的材料学前儿童选得多，可采取暂时轮换的方法，无人选择的材料可及时撤换或由教师进行一些指导。但不管怎样进行调整，都应尽量满足学前儿童的需要，符合他们的意愿。

（三）观察了解学前儿童的活动，及时提供指导和帮助

在学前儿童参与区角活动的过程中，教师应随时关注他们的操作情况，耐心观察、了解他们的需求和水平。一是要看整个活动环境是否能激发儿童的活动兴趣，材料是否适合不同水平的学前儿童。二是要看个别学前儿童的探索情况如需要、态度、个性等，针对个别学前儿童提出问题或要求。教师对学前儿童提出问题或要求，是激发学前儿童探索欲望和引导学前儿童深入探索的重要因素。例如，玩磁铁时，教师可先提出："请你试试看，磁铁有什么用？"当遇到学前儿童不能耐心仔细地去探索时，教师也可提醒他："你是不是把所有的东西都吸过了？找找看，有没有漏掉的？"但并不是对所有学前儿童都提同样的问题，要根据他们的不同情况有的放矢地提问。在活动过程中，他们会遇到各种困难，一些儿童会对教师提出问题。教师对儿童的提问作出不同的反应，对儿童的探索活动会产生不同的影响。教师不应直接把问题的答案或解决的方法告诉儿童，更不能代替儿童完成；也不能对儿童的问题不作反应或不提供帮助。应先肯定儿童的成绩，再鼓励儿童继续尝试或用提问方式去引导儿童，这样来使儿童通过进一步探索去解决问题。

（四）指导学前儿童遵守活动规则

在区角活动中，制定相应的活动规则是很有必要的。应让每个儿童都了解活动规则，并在每次活动中提醒他们去遵守。例如，要求学前儿童在活动时保持安静，不影响同伴的探索活动；又如，提出互相谦让和轻拿轻放实验材料的要求。这些活动规则应一直坚持，并可以作为活动结束时评价的内容之一，以保证区角活动的顺利进行。要求学前儿童遵守规则，也可以运用一些办法。例如，对于一些材料较少的活动，可以利用一些标志来控制人数，区角前的小脚桌的数目、椅子的数目都是控制人数、培养学前儿童遵守规则的办法。

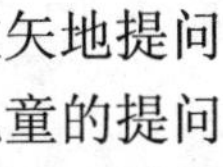

思考题

1．什么是学前儿童科学教育活动，如何分类？
2．举例说明学前儿童科学教育活动的要求。
3．什么是预定性科学教育活动，如何设计预定性科学教育活动？

4．什么是区角活动？在设计区角活动时应该做好哪些方面的工作？
5．如何指导学前儿童在区角活动中进行的科学活动？
6．你发现了学前儿童的偶发性活动你会怎么做，为什么？

第五章　学前儿童科学教育的方法

学习目标

- 了解学前儿童观察、实验、游戏、种植与饲养等方法的概念。
- 理解学前儿童观察、实验、游戏、种植与饲养等方法的分类。
- 掌握学前儿童观察、实验、游戏、种植与饲养等方法的运用。
- 能够自行设计方法指导方案。

《幼儿园教育指导纲要》中强调了“幼儿科学教育是科学启蒙教育，重在激发幼儿的认识兴趣和探究欲望。科学教育应来源于生活，在生活中取材，促进儿童探究能力的培养”。科学教育的价值取向不再是注重静态知识的传递，而是注重儿童的情感态度和儿童探究解决问题的能力、与他人及环境的积极交流与和谐相处。对于幼儿的各种疑问和问题，教师应充分调动幼儿的情绪引导幼儿通过运用各种感官，积极地观察、操作和实验，对探究的结果进行推理，得出结论，用适当的方式表达并与同伴进行交流。其实科学教育的核心就是教会儿童运用科学方法进行探究发现。如何将科学方法融入学前儿童的生活，培养他们的创新精神？这需要从 4 方面入手：在“趣”中学、在“看”中学、在“做”中得、在“谈”中知，从这 4 项引申出来以下几种具体的科学教育方法。

第一节　观察法

一、观察法分类

心理学中提到观察，指的是人的感官在大脑指导下进行的有意识、有组织的感知活动。自然科学中提到观察，指的是人们在自然发生的条件下对自然现象进行考察的一种基本科学方法。而本课程中所说的观察是指科学教育的方法中的一种，即以观察来进行科学教育的方法，以下简称观察。虽然，观察在不同的领域中的提法有所不同，但是根据以上心理学、自然科学中对观察的说明，可以这样认为，观察是一切科学活动的基础，没有观察，就没有科学。因为科学发现需要通过人类大脑指导下的感知活动，否则就谈不上科学发现。学前儿童科学教育中的观察法是指教师有目的、有计划地组织和启发学前儿童运用多种感官，去感知客观世界的事物与现象，使之获得具体的印象，并在此基础上逐步形成概念的一种方法。例如，儿童对桃花的认识，他们要对桃花花瓣的颜色、形状、数目等各个方面进行观察，才能对桃花有所了解，而看（看桃花花瓣的颜色、形状等）、闻（闻桃花的香味）、摸（触摸桃花的手感）就是观察，也就是运用观察的方法对桃花进行各方面的了解。

（一）两种主要观察类型

观察的类型主要有两种。一种是直接观察，是指借助于感官对物体进行直接观察的方式。直接观察有其明显的优点，因为直接观察没有中间环节，因而可以避免仪器等中介造成的误差。但是直接观察也有其局限性，因为人感觉器官的生理功能有一定的极限。例如，人眼只能在 25cm 的距离之内明辨 0.1mm 左右的细小物体；又如，人耳只能听到频率为 20～20 000Hz 的物体振动。也就是说，因为人的感觉器官的局限，就会无法观察到一些细微的东西。此外，人的感官还往往会产生错觉。成人的感官尚且如此，年幼儿童的直接观察更会因为其能力的原因受到限制。观察的另一种类型是间接观察，是通过仪器间接地对物体进行观察。间接观察利用各种仪器、仪表等工具，运用科学观察手段，扩大了人的观察能力的范围，在精度、速度、范围等方面都比直接观察优越。但是科学仪器等观察工具并不是万无一失、绝对精确的，有时它们也会产生误差，从而影响观察的效果和精确度。

既然观察是人的感官在脑的指导下进行的有意识、有组织的对外界事物的感知活动，就应该根据观察对象的特点来组织观察活动。概括说来，客观事物都是有多方面特征的；客观事物也是不断地发展变化的；事物与事物之间各有不同，并有相同之处。以此为出发点，观察的类型从不同角度可有多种分法：从观察的时间分，可以分为间或性观察和长期系统性观察；从观察的对象分，可以分为个别物体的观察和比较性观察；从观察的空间分，可以分为室内观察和室外观察（也称实地观察）。以上分类之间有交叉现象，例如，室外观察同时也可以是对个别物体的观察，室内观察也可以是比较性观察，等等。

（二）5 种主要观察方法

现将其中最主要的几种观察方法介绍如下。

1. 个别物体的观察

个别物体观察是指儿童对于单个物体或者现象进行的观察，使儿童认识物体或现象的名称、外形特征、功用以及物体与周围世界之间的关系等，如观察鱼、石头等单个或一类事物，又如观察雾、雨等天气现象。个别物体现察是基本的观察法，儿童只有在熟悉个别观察的基础上，才能较好地进行其他类型的观察。

2. 比较性观察

比较性观察指学前儿童同时观察两种或两种以上的物体并进行比较，以找出物体间的异同点。在观察过程中，通过比较分析、判断和思考，比较精确、细致、完整地认识事物。这样的方法能帮助学前儿童较快地发现事物的特征，有利于学前儿童的分类能力发展和概念的形成。例如，鸡和鸭的比较性观察、自行车和摩托车的比较性观察等。通过这样的活动，比较性观察使学前儿童发现物体间的不同点，找出相似点；学习以两样物体的相应部分和整体进行比较；在此基础上挑选出同类物，并进行分类。比较性观察要求对事物进行比较分析，需要较复杂的认知活动，因此它仅在小班后期与中班、大班进行，更小的年龄不适合运用。而且各班进行比较性观察时要求有所不同：中班可以仅比较物体明显的不同点；大班不仅比较物体的不同点和相同点，并可以在此基础上进行分类。

3. 长期系统性观察

长期系统性观察是指对于某一个事物或者现象进行跟踪性的长期观察，从而使儿童对事物或者现象的生长发育或者发展变化的全过程有一个较为完整的认识，帮助儿童了解事物间的相互联系，培养儿童坚忍的毅力和意志，例如，观察春、夏、秋、冬 4 季的主要特征，观察蚕宝宝的生长过程，观察月亮形状在一个月内的变化，等等。长期系统性观察往往和种植饲养活动或者实验相结合，让儿童在照顾动物和植物的过程中，在操作过程中同时进行观察记录，如种植一颗种子观察它破土、长出芽孢、叶子的过程；在玻璃瓶中养殖几个小蝌蚪，观察蝌蚪从长出后腿—长出前腿—缩掉尾巴的整个过程等。

4. 间或性观察

间或性观察是指间隔一定的时间，带领学前儿童对某个物体或现象进行的观察。每次的观察是在原来观察的基础上，进一步观察以加深对观察物的认识。同时，每次的观察也都是单个物体的观察。例如，认识兔子，第一次观察兔子明显的主要特征和习性。第二次在原有认识的基础上，增加比较隐蔽的主要特征（如三瓣嘴、前腿短、后腿长等）。第三次则侧重于兔子的功用。每次观察是互相联系、互相制约的。间或性观察在小、中、大 3 个年龄班均可采用，根据间或性观察的要求及学前儿童的年龄特征，大班学前儿童采用间或性观察较多些。

5. 室内观察与室外观察

室内观察即在室内开展的各种观察活动，一些需要在比较安静的环境中观察，适宜在室内进行，如观察鱼类、种子等。室外观察是指在实地进行的观察，一般与散步、参观、旅游活动相结合，如参观城市建筑，到海滨捉蟹，参观菜地和捡树叶等。学前儿童外出的机会较少，而许多自然事物很难在室内观察。因此，应尽量多让学前儿童进行室外观察，让他们尽可能多地接触自然、体验自然，获得感性经验。

二、观察法的指导

观察是学前儿童科学教育中最基本最重要的方法，它可以保证幼儿在直接接触事物的过程中，运用多种感官直接、生动、具体地认识事物，了解事物的特性，提高幼儿感官的综合活动能力，培养其运用感官探索周围环境的习惯，并为发展幼儿的抽象思维能力、形成概念提供丰富的感性经验。观察方法是学前儿童科学教育中运用最多的一种方法，在运用观察方法的过程中，除了要注意学前儿童的年龄特点之外，还应该特别注意以下几点：

1. 尽可能进行现场的观察

现场的观察就是提供真实的物体（实物）或真实的景象（实景）进行观察。提供实物、实景是保证学前儿童观察活动成功的前提，可以使学前儿童的观察得到最真实的效果。学前儿童年龄小，通过用图片或模型供学前儿童观察，会使学前儿童的感性经验不真实、模糊甚至出现错误。所以，教师必须尽可能为学前儿童的观察活动提供实物、实景，特别要经常带领学前儿童外出活动，到实地进行观察，使学前儿童的印象更清晰、准确。例如，观察秋季的自然景象，可以到公园或郊外树木较多、比较开阔的场所，让学前儿童观察秋天的树叶及落叶的景象，以此获得对秋天的真实印象。

2. 调动学前儿童的各种感官参与观察

客观事物的特征是多方面的，它们有颜色、气味、味道、大小、形状、冷热、声音、手感等多方面的差异。同时，观察是多种感官的协同活动，既包括用眼睛看，也包括用其他各种感官去感知事物。在观察过程中，只要条件许可，就应该让学前儿童的各种感官都参与观察活动：用眼睛去看，用耳朵去听，用手去摸，用鼻子去嗅，有些东西还可以用嘴去尝，使大脑接受的信息来自视觉、听觉、嗅觉、味觉、运动觉各种途径，在大脑皮层建立多通道联系，从而使学前儿童从物体的不同角度对其属性有一个比较完整的认识，既学习了观察的方法，同时也发展了学前儿童的感知能力及观察力，能用看、闻、听、尝、触摸等感觉来认识自然。例如，在观察小蝌蚪，看到小蝌蚪的形状时说，“啊！头好大，还有长尾巴呐！”当小心翼翼地把小蝌蚪放在手中时说，“啊！滑溜溜的、凉凉的，哎呀！好痒好痒”。

像这样通过感官来了解事物与现象是认知的第一步。在自然界中，各种动物的形状、动作与叫声，滑溜溜、凉冰冰、毛茸茸、软绵绵等的感觉，酸、甜、苦、辣、咸等味道，大蒜、生鱼、腊梅花等的气味，这些都是要靠学前儿童自己的感觉才能把握得到的。而丰富的感觉经验是需要与自然事物与现象作多方面的接触才能获得的。尽管目前观察仪器有很多，而且不断改进，也有一些是适合学前儿童使用的，如放大镜等，但是这些仪器的运用还是离不开感官，因此感官仍是儿童最重要的观察工具。指导学前儿童运用感官进行观察时，要有的放矢地进行，否则会出现“视而不见，听而不闻”的现象。

3. 引导学前儿童多角度地观察事物与现象

让学前儿童学习全面地进行观察，除了调动各种感官参与观察活动外，还要引导学前儿童从多种角度去观察事物。在指导学前儿童进行观察时，一般可以先对现象有一个整体、大致的认识，使学前儿童先能了解观察对象的全貌；再着重观察它的主要方面乃至某些次要的、但是值得注意的细节；最后还要注意观察各个部分和各种现象之间的联系，使学前儿童对所观察的事物有一个比较完整、清晰的认识。可以让学前儿童从正面、侧面、上面、下面、远距离、近距离等多种角度去观察。客观事物各有各的姿态，各有各的色彩。某些事物适宜近距离观察，而另一些事物则远距离观察更为全面，有时远距离观察又是近距离观察的补充。另外，还要提供条件让学前儿童观察事物的静态和动态。物体的静态比较容易观察，能观察得较细致，而物体的动态，能使学前儿童观察到对象的生动活泼，所以，一般在观察动物时，两种观察可以结合进行。

4. 指导学前儿童学习观察方法

学前儿童观察事物较笼统，不够精确，其主要原因之一是他们还未掌握一些初步的观察方法。教师在指导学前儿童观察事物的同时，应根据观察对象的特点，有目的、有计划地教给学前儿童一些最基本的观察方法。儿童在学前阶段，主要是学习顺序观察法、比较观察法和典型特征观察法。

顺序观察法，就是根据观察对象外部结构的特点，有顺序地进行观察，如从上到下或从下到上、从左到右或从右到左、从整体到局部或从局部到整体、从明显特征到不明显特征、从外到内等有顺序有层次地细心观察，使学前儿童对观察对象有整体的、较全面的认识。因为学前儿童思维的特点，在观察过程中经常出现遗漏、凌乱的现象，影响了观察的效果。运用顺序观察法，能使学前儿童的观察全面细致、不遗漏。长期有顺序地进行观察，能使学前儿童形成一定的认知结构，可提高观察的精确度与速度，也能使学前儿童获得的印象有条理，便于记忆储存。

比较观察法是同时观察两种或两种以上的事物，对相似事物中的不同因素，对不同事物中的相同因素进行对照和辨别的一种方法。例如，为了说明橘子的形状，将皮球与橘子加以比较，使学前儿童认识到橘子的圆和皮球的圆是不同的。这样不仅有利于提高学前儿童对事物认识的精确性，发展学前儿童的观察能力，也有利于发展学前儿童的思维能力。应当注意的是，用比较的方法进行观察，不仅可用于比较性观察，也可用于个别物体的观察和长期系统性观察等各种类型的观察。在运用比较观察法时，一般是从物体的不同点开始进行比较，然后再观察其相同点。不仅要引导学前儿童比较物体的个别部分，还要对物体的整体进行比较。

典型特征观察法是从物体的明显的特征入手开始观察，然后再引导学前儿童对事物的全部进行观察的一种方法。有些物体具备一些鲜明的外形特征，这些明显的典型特征在学前儿童的观察过程中首先作用于他们的感官，如物体的鲜艳的色彩、特殊的气味、某一部分的奇异的样子，或者不常见的声音等，都非常容易吸引学前儿童的观察兴趣和注意力。因此，在进行观察时，可以首先引导学前儿童从这些典型的特征开始观察，然后展开全面的观察，以提高辨认物体的能力。例如在对“马”的认识中，抓住马的典型特征——奔跑，由马的四肢、鬃毛等开始进行观察，让学前儿童比较准确地感知“马”这一动物的外形特征。

观察活动实例

活动名称：倾听不同的声音

活动目的：倾听不同物体落到桌面时发出的声音。

活动准备：搜集落在桌面发出不同声音的物体若干。这些物体可以包括：硬币、纸夹、橡皮擦、橡皮图、棍子、钥匙、铅笔、空心粒子、书、糖果、岩石、空罐、铃铛、塑料杯等。

活动指导：让儿童手拿每一个物体，并保持距离桌面 5cm 左右的高度，然后落下物体，并用一个或更多的词汇描述物体落在桌面时发出的声音（叮当作响、呼的一声、轰然一声、撞击声等）。让儿童说说声音是响亮的还是柔和的。让儿童尝试将物体从不同的高度落下，看看物体的声音是否受高度的影响。

第二节　操作法

教育家杜威认为，儿童是在“做中学”的。操作是儿童学科学的一种重要方法。通过儿童的亲自动手操作，视觉和触觉协同活动，加深了对于事物或者现象的认识。在操作过程中物体之间相互作用，有助于儿童感知事物及其变化，使儿童能够对日常生活中的一些事物和现象取得进一步的认识，从而形成丰富的科学经验，建立初步的概念，同时发展了科学探索技能。动手操作是十分符合儿童心理发展特点的一种教育方法。在学前儿童科学教育中操作法的运用形式是多种多样的，它包括科学实验、科学制作、劳动、分类与测量等。

一、科学小实验

实验是指在人工控制现象发生的条件下，对现象进行感知和测量的方法，它是科学实践的重要形式，是获取信息和检验理论的基本手段。学前儿童科学教育中实验的方法是在人为控制的条件下，教师或学前儿童利用一些材料、仪器或设备，通过简单演示或操作，对周围常见的科学现象加以验证的一种方法。学前儿童阶段的科学实验与学龄儿童的正式实验结果不同，前者更为重视活动的趣味性、随意性和生活化，形式多样，并常常带有游戏的性质，与游戏密不可分。科学小实验的内容贯穿于儿童的日常生活中，如拿着放大镜去观察蚂蚁，在公园里照哈哈镜，比较哈哈镜与普通镜子的不同等，都是小实验。教师应当善于挖掘日常生活中的丰富内容来组织儿童开展小实验，让儿童在动手动脑中长知识、长智慧。

根据实验的不同目的，实验方法可以分为两种：探索性实验和验证性实验。探索性实验是指人们根据一定的目的，创造一定的条件，探索前所未知的自然现象或物质性质的实验。其特点是实验前人们对研究对象并不了解。验证性实验是指对研究对象有了一定的了解，并形成了一定认识或提出了某种假说，为验证这种认识或假说是否正确而进行的一种实验。在学前儿童科学教育过程中，大多数实验都应该属于验证性实验。只是从学前儿童的年龄特点、认知水平来看，虽然学前儿童进行的大多数只是验证性实验，但是他们往往对实验内容并不了解，是社会已知但对学前儿童来说却是前所未知的内容，因此，也可以把它认为是探索性实验。

根据实验过程中实际的操作者来分，可以把实验分为教师演示实验和学前儿童操作实验两种。根据现代学前教育的理念，教师演示实验“并不符合学前儿童自主建构知识的原理”。一般而言，较难的或者不适宜儿童操作的实验由教师来演示，其他实验则由教师与儿童共同操作或由儿童来操作。教师要尽量地给予儿童机会，让他们亲自去操作、去摆弄，启发儿童通过自己的努力去发现、掌握，而不是过多地灌输给儿童知识，或由教师来包办代替。在具体应用时应注意以下几点：

（一）教师演示实验

教师演示实验是指由教师操作实验的全过程，学前儿童观察实验的过程、现象、变化和结果的一种形式。此类实验一般是由于实验难度较大，学前儿童操作困难或者因为所需仪器设备条件不足而采用的。需要说明的是这里所说的难度，是相对而言的，同样的实验内容，对于不同年龄的学前儿童来说，其难度是不一样的。根据实验内容的不同，演示实验的运用也有不同，比较多见的是先由教师进行演示实验，让学前儿童观察实验，并提出需要他们思考的问题，然后再由学前儿童实验操作。此种方式就成了学前儿童实验前的示范。

在进行演示实验时，教师应该注意以下几点：

第一，要做预备性实验。在进行实验前，教师要将实验进行几遍，也就是要做预备性实验，以便妥善安排实验过程中每个环节的时间，检验实验仪器和材料的情况，避免活动时发生意外而影响实验效果。预备性实验中，需要考虑以下一些问题：这一个实验是否能够成功，要使实验成功必须注意哪些问题，如材料准备上的问题、操作上的问题、时间上的问题等。如果是学前儿童进行的操作实验，还要考虑：学前儿童在操作时会遇到的障碍，并且考虑如何解决；实验中的关键点在哪里，应该如何引导学前儿童去思考，哪个环节应该提出哪些问题；什么样的问题可以引发学前儿童进一步地探索；等等。

第二，要使每个学前儿童看清演示过程。演示实验进行中，要使每个学前儿童都能看清演示的过程。因此，学前儿童座位的摆放、仪器的大小、安放的位置等都要便于学前儿童观察，以保证每个学前儿童都能看清教师演示的步骤及操作过程中出现的特性及变化。根据学前儿童的年龄特点，要随着实验的进程逐步出示仪器、材料，不要一下子就把仪器、材料全部出示，以免分散学前儿童的注意力。

第三，演示与讲解、提问紧密配合。教师的演示与讲解、提问要紧密配合，教师在演示时必须做到：动作要熟练，操作速度要慢，而且要规范，在实验效果上要做到现象明显，使学前儿童能较清晰地看到实验的结果。应边演示边讲解和提问，启发学前儿童在观察和思考的基础上回答问题，理解知识。讲解一定要简明，提问要富有启发性，例如，在“声音”的实验中，教师这样问学前儿童：“听一听，小鼓被敲了会怎样？摸一摸，小手感到怎么样？”以此引发学前儿童对鼓面的振动与鼓声的联想，并使学前儿童始终处于积极的探索和求知之中。

（二）儿童操作实验

学前儿童操作实验是由学前儿童亲自动手操作并参加实验的全过程，主要用于操作比较容易、简单、带有游戏性质的实验，如磁铁吸铁的实验、种子发芽的实验等。这些实验由于是学前儿童自己动手操作，在操作过程中，学前儿童可以充分摆弄材料、仪器，充分观察实验过程中的现象和变化，还可以反复操作、多次尝试，满足学前儿童的好奇心，所以他们实验的积极性很高。例如，在沉与浮的实验中，教师只需提供各种材料，然后让学前儿童进行自由的、充分的探索活动：将各种东西一一放入水中，观察这些不同材料的东西放入水中后的不同情况……在这样的带有游戏性质的活动中，使学前儿童了解有些东西放进水中会沉、有些东西放进水中会浮等现象。由于学前儿童在操作实验中兴趣很高，体验较深，获得的知识也就更为巩固。而且更为重要的是，学前儿童在实验过程中学习和掌握了一些简单实验的方法，如测定方法、实验条件控制的方法、记录方法等，并且还学习了由实验得出的感性材料中经过分析、抽象得出结论。因此，在条件许可下，应尽可能让学前儿童有实验操作的机会。

为了使学前儿童的操作实验得到预期的效果，教师应注意做到以下几点：

第一，充分做好实验前的准备工作。首先，学前儿童操作实验的用具和材料一般比较简单，应尽量用一些玩具、日用品代替，但是无论用什么用具和材料，都要方便学前儿童使用。其次，要根据实验内容为学前儿童准备相应数量的用具和材料：人手一份或各组一份。例如，在“沉浮”的实验中，教师为每一组的学前儿童（4～5人）准备了一个盛水的容器，又为每个学前儿童准备了一份有各种材料（木块、塑料、铁块、玻璃等）的材料包。材料数量的多少因具体内容而异，但都要保证让每个学前儿童都参加到活动中来。

第二，指导学前儿童使用工具和材料并学习操作技能。因为学前儿童的操作实验一般都较简单且有趣，所以应尽可能让学前儿童自己动手操作。但在实验中的某些环节，或在某些材料的使用上，学前儿童仍会遇到各种不同的困难，又因为学前儿童能力的不同，即使简单的实验，也会有一些学前儿童难以完成。因此需要教师根据实验内容的难度和个人情况，给予不同程度的指导，例如，指导学前儿童轻拿轻放物品，控制手的力量和平衡地摆放物品，熟练地使用各种盛器，等等。另外，在实验中，还应引导学前儿童通过观察，注意实验材料、方法、操作过程中的变化和实验结果，使学前儿童不仅能了解实验结果，更学习了实验的方法。

第三，给予学前儿童充分的实验时间。做实验比起其他活动需要更多的时间，因为学前儿童需要操作、理解和学习。充分的时间能保证学前儿童反复进行实验活动，并在操作过程中探究、发现、提出问题，自己找出问题的答案。所以实验时，不能机械地用时间限制，而是让学前儿童尽量用自己的方式进行操作，以取得理想的实验效果。

第四，交代实验规则并保证学前儿童安全。实验规则对于保证学前儿童实验成功起了重要作用，所以在实验开始前，教师有必要交代清楚有关的规则，在实验过程中，也应及时指导学前儿童遵守规则，以保证实验成功。如果有的活动不适宜学前儿童操作，则可改由教师演示实验，以保证学前儿童的安全。实验初期，教师应经常给学前儿童提示实验的过程以及实验操作应注意的事项。一段时间后，可逐渐放手让学前儿童亲自试验。

儿童实验活动实例

活动名称：彩虹出来啦。

教育目标：通过学前儿童的亲手操作，初步感知彩虹的形成现象，激发学前儿童对于彩虹的兴趣和好奇心。

活动准备：小块镜子、脸盆、清水，在天气晴朗、阳光灿烂的天气进行该活动。

活动指导：在教师的帮助下，学前儿童挑选阳光强烈的地方，把一脸盆清水放在阳光下，请学前儿童将镜子放在面向阳光的方向，不断改变镜子和水面之间的角度，就能看到像彩虹一样的七彩光斑，十分美丽。

二、科学制作

科学制作是指学前儿童在教师的指导下，用纸、布、泥或其他自然材料和无毒无害的废旧材料制作各种简单的玩具或陈列品，使儿童在这些动手动脑的活动中积累简单的科学经验，掌握一些粗浅的科技知识和操作技能。

科学小制作是学前儿童通过自身的感官与自然科学物质材料相互作用，搜集信息、发现问题，以及提高实际动手能力的科学活动，特别强调的是操作过程。科学小制作活动的开展，需要良好的心理环境和多种多样的有结构的物质材料，需要教师的鼓励和儿童的积极参与。因此，科学小制作在学前儿童科学教育活动中占有重要的地位。

科学制作根据材料可分为以下几类：

1．纸工

纸工就是学前儿童利用电光纸、彩色纸或吸水性较强的纸，用手和简单的工具，按照纸工制作的过程和要求，折、撕、剪、染、贴出各种图样的形象。纸工包括折纸、撕纸、剪贴、染纸、纸塑等。

第一，粘贴。粘贴是指学前儿童把事先准备好的现成材料，用糨糊或乳胶粘贴在整张纸的适当位置上的活动。粘贴的材料，主要是彩色纸、自然物或废旧物品等。粘贴的主要工具有糨糊、刷子（或竹片、毛刷）、干布以及垫板等。

第二，撕纸。在学前儿童不会使用剪刀的情况下，可以用手撕出一定的形状。撕纸应该用薄的彩色纸，撕纸方法又可以分为按印痕撕、折叠撕、目测撕等几种。

第三，剪贴。剪贴要求学前儿童自剪自贴，先把图形剪出来，然后再粘贴。剪贴首先要学会用大拇指和其他四指分别握住剪刀把。剪贴一般可分为目测剪、沿轮廓剪和折叠剪。

第四，染纸。染纸是吸取我国民间印染工艺而形成的一种手工制作。染纸所使用的工具材料很简便，也是学前儿童喜爱的一种手工活动。

2．泥工

泥工是学前儿童用黏土（胶泥）、橡皮泥、面团为主要原料，通过手和一些简单的工具塑造各种物体、动物、人物等立体玩教具的一种活动。例如，利用黏土制作小鸭，利用橡皮泥制作娃娃，或者利用面团制作各种水果等。由于黏土塑造的对象大多是大自然界的事物，所以，教孩子泥工制作也就成了科学教育的方法之一。

3．利用废旧材料制作

利用废旧材料进行科学小制作是学前儿童喜爱的一项活动，它不仅是一项经济、实惠的活动，而且通过利用废旧材料进行科学小制作，可以培养学前儿童综合运用所学各方面的知识和技能，锻炼动手能力和促进他们参与科技活动的兴趣和爱好。利用废旧材料进行科学小制作，主要是利用纸、布、针、线、自然材料，或无毒无害的废旧材料以及地方性的材料制作简单的玩具或其他物品。利用废旧材料制作的内容很多，如树叶标本，牛奶盒制作的卡车，糖纸制作的蝴蝶，蛋壳制作的不倒翁、母鸡、小兔子、金鱼等，用薯片罐或塑料杯制作的电话、水桶、花篮、万花筒，用废布、棉花缝制的小娃娃、小猪，用贝壳、秫秸秆制作的风车、飞机、天平、火箭等。

在科学小制作活动的指导中，需要注意以下几个方面的问题：

第一，要符合科学教育的目标。科学小制作方法是进行科学教育的重要组成部分，它既是科学教育的内容，也是科学教育的方法和手段。因此在运用科学小制作进行科学教育时，所选的内容必须符合科学教育的目标，所选的内容是科学的，能反映自然界的物体或现象，以达到使儿童学习科学的目的。

第二，应在直接经验的基础上运用科学小制作的方法。科学小制作是学前儿童通过自身的感官与自然科学的物质材料相互作用，获取信息、发现问题和实际操作的科学活动，这些方法从本质上说是一种利用塑造的手段，对客观事物具体形象的造型活动。因此，学前儿童对自然物、科技物体的认识和了解是进行科学小制作的前提和基础。只有当儿童对客观事物获得了比较清晰的印象之后，才可能在制作活动中把这些物体表现出来。同时，因为学前儿童思维的直观形象性，以及所塑造的自然事物的复杂性，教师就应注意在运用科学小制作方法的过程中，运用具体直观的手段，使他们能够理解和接受。

第三，应根据学前儿童的年龄特点逐步安排内容。科学小制作是一种需要实际操作的活动，它特别强调操作过程。而操作对于学前儿童来说，具有一定挑战性。同时，在运用科学小制作方法时，通过科学小制作所反映的自然科学物体的本身有不同的难度。在运用科学小制作时，要根据所制作内容本身所特有的难易程度，以及学前儿童的发展水平、认知特点，由浅入深、由易到难、由简到繁地逐步安排制作的内容，有目的、有系统、循序渐进地不断增加新的内容和提出进一步的要求。例如，在小班的泥工活动中，比较多的是将泥搓成圆形或长条形，做成诸如梨、苹果、小鸡等容易制作，又比较熟悉的内容。而到了中班，就开始在这些基本的形状的基础上，加上一些形状，制作成诸如小兔子、熊猫等相对比较复杂、儿童也不是非常熟悉的内容。

第四，科学小制作应结合活动的主题。运用科学小制作进行科学教育，它既是科学教育的需要，也是对学前儿童进行手工美术活动的很好的途径。因此，科学小制作既是学前儿童科学教育的方法，也是学前教育的内容。在进行科学小制作活动时，应始终注意结合本班活动的主题内容，这样既能使孩子理解正在进行的内容，也能使他们学习操作的方法。例如，在进行“可爱的熊猫”的主题活动中，结合学前儿童认识熊猫的内容，让学前儿童用圆萝卜、黏纸等材料，一起来做熊猫的造型，并用自己制作的熊猫来说一说熊猫的特征，进行表达与表现。从学前儿童制作的熊猫中，我们可以看到他们对熊猫的了解程度。同时，学前儿童对自己制作的熊猫也十分珍惜，也增添了他们对熊猫的喜爱程度。

三、劳动

学前儿童阶段的劳动带有很大的游戏成分。劳动目的是使儿童在简单的力所能及的劳动中，获得对于事物本身以及发展变化的相关知识，培养儿童的责任心和热爱劳动的情感以及初步的环境保护意识。在儿童科学教育中劳动主要表现在栽培与饲养、日常生活劳动中。

栽培一般是指植物栽培，包括各种农作物、林木、果树、药用和观赏等植物的栽培，而饲养则是指饲养和照料动物，使其活下去。学前儿童科学教育中的种植方法是指学前儿童在园地、自然角（或用泥盆、木箱等）种植花卉、蔬菜和农作物等的活动。饲养方法则是指学前儿童在饲养角里喂养和照管习性温顺动物的活动。

学前儿童对周围环境中最喜爱的东西莫过于动物和植物了，在对动植物的观察中，有意识地让学前儿童亲自操作，种植一些蔬菜、花草，饲养一些小鱼、小鸟，让学前儿童不仅观察了动物和植物的外形特征，也了解了它们的生长过程。通过栽培与饲养的方法进行科学学习，伴随着动植物的生长，也就激发了学前儿童热爱自然、热爱科学的兴趣与情感。在栽培与饲养的过程中，学前儿童对对象进行观察、分类、比较、记录……促进了学前儿童认知能力的发展，并学习了一些简单的劳动技能，也培养了学前儿童手脑并用的能力。

（一）栽培与饲养常见类型

常见的栽培与饲养包括以下几类。

1．常见植物的栽培管理

常见植物的栽培管理主要包括：常见植物的播种、管理、收获等内容，如参加选种、浸种、移栽、浇水、松土、除草、追肥、收获、留种等工作。

（1）水养植物。水养植物就是把植物的一部分浸泡在水里，在短期内，它便会萌发、生根、长茎叶，甚至于开花和结果。水养植物容易吸引学前儿童，因为水养植物能够让他们在较短的时间内直观地看到种子的萌发过程，因此，在幼儿园和家庭里，水养植物都是学前儿童种植的比较多的一种类型。水养植物主要有以下品种：

① 种子：蚕豆、绿豆、红豆、扁豆、花生、芝麻、蓖麻、西瓜子、丝瓜子、南瓜子、稻谷、麦子、小米、玉米等。② 蔬菜：油菜心、白菜心、黄芽菜心、卷心菜心、芹菜、萝卜、土豆、大蒜、洋葱、芋艿、慈姑等。③ 树枝：杨树、柳树、悬铃木、松树、水杉等。④ 花卉：菊花、月季花、迎春花、白玉兰、水仙花、蔷薇花等。

（2）盆栽与园地植物。盆栽植物是指在泥盆里放置湿润的、富有养料的泥土，然后下种或扦插。有条件的幼儿园，也可以在墙边、墙角进行园地种植。盆栽植物的品种与水养植物是相同的，但是在学前儿童学习自然的活动中，盆栽与园地植物却有不可替代的作用。虽然水养植物能够让学前儿童在较短的时间内直观地看到种子的萌发过程，但是由于它消耗了种子本身的养料，等到其本身养料耗尽时，它就会枯萎。因而只能是学前儿童看到植物生长的某一阶段，而不能看到植物生长的全过程。这样就不能满足学前儿童强烈的好奇心和求知欲望，也不利于学前儿童对植物生长过程的全面了解。经常在水养植物枯萎以后，学前儿童会提出一连串的问题，他们会对已经枯萎的植物感到很不理解，也为没有看到水养植物的开花、结果而感到意犹未尽，因此，应该创设条件，让学前儿童全面地观察植物生长的全过程，以满足学前儿童的求知欲望，以及了解植物的生长特征。

（3）无土栽培。无土栽培也是属于水养植物的一类。普通的水养植物，是把植物的根放在一般的水里，但是无土栽培，为了更好地控制给植物的养料，将植物生长需要的各种营养成分，按植物生长所需的比例进行搭配并制成溶液，在容器中放入一些洁净的玻璃球或沙子，然后将植物栽培在溶液中。这样就能保证植物生长所需的营养，使学前儿童观察到植物生长的全过程。

（4）温室技术。植物的生长离不开一定的光照、气温和营养。在自然状态下，植物生长所需的最佳条件有时很难达到，而且不容易控制。在现代种植技术中，人们利用了温室技术。温室一般有透明的屋顶，可以接受充足的阳光。由于温室是密封的，能使温度保持在一个较高的水平，并可以使用人工装置调节温度。通过这些措施，可以使室内生长的植物基本不受外界自然条件的影响而较快较好地生长。在幼儿园里，也可以搭建简单的温室，例如，用塑料薄膜搭建的“小小温室”，在天气比较冷的时候，让学前儿童在“温室”内、外种植相同的植物，比较种植的效果。

2. 常见动物的饲养管理

常见动物的饲养管理主要包括：帮助搜集饲料、喂养、管理，学习简单的饲养技能，并观察小动物的外形特征、动作和生活习性，培养爱护小动物的感情。例如，饲养乌龟、小鸟、金鱼等，主要内容有以下几种：

第一种，家禽。家禽身体比较小，也比较温顺，深受学前儿童的喜爱，而且养起来也比较容易，不易死亡。家禽包括鸡、鸭、鹅，相比较起来，饲养鸡是最简单的一种。

第二种，家畜。家畜各有不同，在幼儿园里比较适合饲养小兔子、豚鼠、猫等。虽然小兔子相对比较难以饲养，对饲料要求比较高，但是因其可爱而深受学前儿童的青睐。

第三种，鸟。鸟也是幼儿园经常饲养的一种动物，由于小鸟的叫声清脆好听，形象可爱，学前儿童也十分喜爱饲养。幼儿园经常饲养的鸟有娇凤、禾雀、鸽子等。

第四种，昆虫。昆虫也是学前儿童最喜欢的动物之一，世界上有许多种昆虫，虽然学前儿童并不能叫出它们的名称，但是凡是看到昆虫，学前儿童总会研究一番。蝈蝈、蚕、七星瓢虫、知了、蚂蚁、蟋蟀等，都因要用来做实验而被允许可在幼儿园饲养。

第五种，水生动物。水中饲养的鱼、龟、虾、蟹、泥鳅、螺蛳、田螺、蝌蚪等都是学前儿童观察的对象，这些在水中生活的动物，比较容易饲养，有的甚至可以一段时间不进食，也不会死亡。所以这些动物是非常适合学前儿童饲养的，其中虾比较难存活一些。

（二）栽培与饲养注意事项

教师在运用栽培与饲养的方法中应注意以下几点。

1. 选择合适的内容进行栽培与饲养

学前儿童年龄小，栽培、饲养的技能差，因此在选择栽培、饲养的内容时，要根据学前儿童的年龄特征以及动植物本身的特点来进行选择。具体说来，在选择种植的植物时，应选择一些易生长、易照顾、对种植的土质肥料要求不高、生长周期相对较短的植物。对于小班学前儿童，比较适宜的植物是较大粒的种子，如扁豆、玉米、牵牛花种子等。中班、大班学前儿童除了较大粒的种子以外，也可以种植一些颗粒相对小的种子，如蚕豆、豌豆、蓖麻。还可以以植株的方式进行种植。

在选择饲养的动物时，应选择一些比较温顺、对饲料要求不高、不易死亡，而且对学前儿童没有伤害的，包括不会传染病菌的小动物，如金鱼、小蝌蚪、蚕、兔子等。小班儿童主要是拿些菜叶或草等食物来喂养动物。中班和大班的儿童除了喂食以外，还可以参加一些打扫动物小屋的活动。无论是喂食还是打扫，其主要目的还是在于让儿童在与动物的接触中观察、了解动物，以及培养他们对动物、对自然的情感。

2. 结合学前儿童的认识活动进行栽培与饲养

科学教育中运用栽培与饲养方法的主要目的，是为了学习科学。因此，在活动过程中要注意结合种植与饲养过程，指导学前儿童观察对象及种植与饲养的工具。例如，在饲养蚕的过程中，指导学前儿童观察蚕的外形特征、生活习性、生长过程等，观察蚕是怎么进食桑叶的，是怎么行进的，又是怎么蜕皮的……同时，还应让学前儿童认识桑叶的主要特征，了解桑叶与其他树叶的不同之处。又如在种植花卉时，指导学前儿童认识使用的工具与种植的器皿：小铲子、花盆，让学前儿童了解花盆底为什么有个小洞，尝试一下，如果花盆底部没有洞，植物会怎样，以此使学前儿童的认识更全面、完整。教师要利用各种机会，因势利导，帮助学前儿童扩大知识面，满足好奇心，鼓励思考，发展求知欲，提高认知水平。

3. 鼓励学前儿童的自主探究

在栽培与饲养的活动中，学前儿童扮演了“小小园艺家”“小小动物学家”的角色，他们会以十足的热情参与到活动中去。但是由于栽培与饲养的活动需要一定的操作技能，包括挖土、浇水、除草、喂食、打扫动物笼子等。如果掌握不当，会在一定程度上影响学前儿童栽培与饲养活动，这时，教师切记不能包办代替，而应指导学前儿童学习操作技能，克服一定的困难，鼓励他们的活动，坚持以学前儿童为主的种植、饲养。这样才能使整个过程成为学前儿童亲身体验的过程，由浅入深地了解事物、充分发挥想象力和创造力的实验过程。

4. 培养学前儿童爱护动植物、关爱生命的情感和行为

在栽培与饲养活动中，学前儿童是通过与动植物的亲密接触而获得对对象的了解的，这个过程的本身，就是生命教育的过程。学前儿童科学教育要培养学前儿童热爱动植物、热爱自然的种子，产生关爱生命的情感。在具体的种植与饲养活动过程中，由于学前儿童年龄小，无论从他们的心理特点还是手眼协调，以及控制手部力量的能力来看，都会发生无意伤害动植物的行为，例如，在给植物拔草的时候不小心把植物也拔掉了。又如，本想轻轻地抚摸一下小动物，结果因为抱得太紧而把小动物弄疼了。

在饲养活动中，可以通过照顾小动物的过程，让学前儿童了解动物也是有生命的，培养学前儿童形成“动物是人类的朋友，地球是人类和动物的共同的家，人和动物要和谐生

存，就要从关爱动物做起”的意识，激发学前儿童关爱动物的情感，产生保护动物的行为。在种植活动中，通过“与小树一起成长”“树的秘密”“百花园”等活动，让学前儿童在照顾植物生长的过程中，体会植物的生长特征，积累植物生长的经验，自然而然地产生“爱绿、护绿”的行为。

栽培活动实例

活动名称：养菊花。

教育目标：喜欢菊花，掌握初步的种植技能。

活动准备：1～2盆盆栽菊花，儿童用浇水壶一个，松土的小铲子一把。

活动指导：

(1) 教师告诉儿童科学区里放着两盆菊花，从今天开始，小朋友们负责给花浇水，照顾它们。

(2) 教给儿童正确的浇水方法：先用小水壶在菊花的根部浇上一点水，然后浇叶子、花朵等；正确的松土方法：用小铲子轻轻松开菊花周围的泥土，不要挖得大深，也不要碰伤菊花。

(3) 引导儿童经常去观察菊花，观察菊花含苞—开花—枯萎的过程。

饲养活动实例

活动名称：养小鸡。

教育目标：通过饲养小鸡的活动，帮助儿童认识小鸡的外形特征、生活习性和喜爱小鸡的情感，学会饲养小鸡。

活动准备：纸箱子，小鸡，在户外动物角内进行该活动。

活动指导：

(1) 教师抱来一个纸箱子（从纸箱子里传来唧唧喳喳的声音），请儿童猜一猜纸箱子里是什么？

(2) 教师将纸箱子打开，请儿童观察毛茸茸的小鸡。

(3) 教师总结并告诉儿童从今天开始由小朋友们来负责喂养小鸡。

(4) 教师带领儿童给小鸡喂小米，喝水。

(5) 教师请儿童定期来观察小鸡，喂养小鸡。

四、分类

学前儿童科学教育中分类的方法，是指学前儿童把具有某一个或几个共同特征的物体聚集在一起，以学习科学的一种方法。分类是观察过程的延伸和应用。学前儿童要能对客观物体进行分类，首先需要对事物进行观察，因为发现事物的共同点是分类的基础，在观察期间，学前儿童对物体进行分析、抽象、概括，形成概念，进行分类。分类既是学前儿童学习科学的一种方法，也是学前儿童需要发展的一项重要技能。分类是获取和分析信息、简化信息的有效和经济的方法。自然界的分类是根据万事万物的自然属性和特征来进行的，有严格的规律。学前儿童在与自然界的接触中，很自然地想把事物进行分组和聚类。学前儿童用分类的方法整理自己所观察到的东西。在分类过程中，学前儿童可以懂得许多种物体的特性，从而帮助他们把周围事物进行抽象与概括，有助于探索事物之间的联系和关系，使得认识活动类化、简化。学习分类的方法、发展分类技能还可以帮助学前儿童对事物进行抽象与概括，有助于学前儿童探索事物之间的关系。

（一）分类类型

在学前儿童科学教育中，常用的分类类型有挑选分类、二元分类、多元分类 3 种。这些分类类型对学前儿童认知水平的要求是不同的，在不同的年龄阶段、不同的活动中，可以采用不同的分类类型。

1．挑选分类

挑选分类是指从许多物体中将具有某一种（或几种）共同特征的物体挑选出来，成为一类。例如，从许多学前儿童中挑选出“他们都是男孩”“他们都穿着红衣服”等共同特征，又如从各种蔬菜、水果、花卉中挑选出水果来。

2．二元分类

二元分类又称是与否分类，是指从许多物体中，选择出具备某一属性的物品，排除其他物品。即将许多物体按某一标准分为“是”与“不是”两种。例如，将苹果、梨、香蕉、黄瓜、甜椒、桂圆、红枣等放在一起，让学前儿童进行分类：苹果、梨等都是水果，黄瓜、甜椒等都不是水果，或者苹果、梨等都是水果，不是蔬菜，等等。

3．多元分类

多元分类是指将物品按一些共同的标准分成两类或几类。例如，鸡、鸭、鹅都是家禽，牛、羊、猪都是家畜，虎、狮、狐狸都是野兽，等等。又如，苹果、梨、香蕉等都是水果，黄瓜、甜椒都是蔬菜，桂圆、红枣都是干果。

（二）指导学前儿童进行分类

在指导学前儿童运用分类的方法时，教师可以从以下几方面着手进行。

1．指导儿童在充分感知物体的基础上进行分类

充分感知物体是对物体进行比较、找出它们之间的相互关系，并根据其共同特点与特性进行分类的必要前提。学前儿童的年龄特点又决定了学前儿童不可能在抽象的概念水平上进行分类，而必须依赖于物体具体的形象和动手操作。所以，首先，教师要提供充足的材料让学前儿童感知。其次，教师要允许学前儿童细致观察、反复操作，使学前儿童在具体的感知与操作中，获知这些物体的共性与差异，然后进行分类活动。例如，在纽扣分类活动中，教师要提供（也可和学前儿童一起搜集）大量不同大小、形状、颜色、材料、结

构的纽扣，供学前儿童操作观察。在搜集以及操作观察中，教师可启发学前儿童边感知边讨论：这么多的纽扣有哪些是相同的，把相同的挑出来归为一组。教师要引导学前儿童仔细观察、比较各种纽扣，帮助学前儿童找出“相同点”，才能使学前儿童正确分类。

2．帮助学前儿童学习不同的分类活动类型

如同前述，在学前儿童科学教育中，有挑选分类、二元分类和多元分类 3 种分类活动类型。在学前儿童阶段，主要指导学前儿童学习二元分类法，即要求学前儿童在感知水平上把物体分成两类。但可以根据学前儿童的不同年龄，学习不同的分类类型。小班多采用挑选分类类型，小班末期可开始学习二元分类类型。中班、大班学前儿童在教师有计划的指导下，可以学习运用二元分类和多元分类来认识客观物体。

3．指导学前儿童学习根据不同的标准进行分类

每一种分类，必须根据同一个标准，否则就会出现分类重叠和分类过程的逻辑错误。学前儿童分类不同于成人，他们往往根据自己的想法进行，分类依据也在不断改变。但只要各类别物体彼此不交叉和重复，该分类依据就可成立。在学前儿童阶段，可以帮助学前儿童学习根据不同的标准进行分类。可以根据物体的外部特征进行分类，例如，根据物体的颜色、形状、大小、长短、质量等外部特征进行分类。根据物体量的差异进行分类，即按物体的大小、长短、粗细、厚薄、宽窄、轻重等的差异分类。根据物体的功能（用途）进行分类，例如，将物体分为玩具、学习用品、家具等。也可以根据物体的材料进行分类，例如，将物体分为木头的、塑料的、铁的等。根据物体之间的联系进行分类，例如，把兔子和萝卜分为一类，把鱼和水分为一类，等等。还可以根据物体的物理属性进行分类，例如，把有弹性的物体分为一类，等等。这些分类可以按一个或多个特征进行。

一般来说，对 3～4 岁的小班儿童来说，只要求他们按事物的外形特征或量的差异来进行分类，因为这些特征都是外在的、易观察到的。而对事物内在的、物理特性的分类宜放在大班进行。同时，还可以帮助学前儿童学习把一大堆物体用两套标准分类，例如，要学前儿童找出既是红色的，又是木制的纽扣。不过，这样的活动至少到中班下学期才能进行。因为对于 3～4 岁的学前儿童来说，同时在头脑中考虑两件事和从不同方面来描述事件都是比较困难的。在让学前儿童学习用两套标准进行分类时，可以要求学前儿童先根据一个特定属性给一组物体分类，然后再根据另一个属性对这些物体进行分类。例如，在上例中，可以先找出是红色的纽扣，然后在红色的纽扣中再找出木制的纽扣。

4．帮助学前儿童明确分类标准，并鼓励他们自己确定分类标准

学前儿童对事物类别关系的认知还不成熟，分类能力仍在发展中，表现为学前儿童能按基本类别标准分类，能按事物的功能分类。而对按上级类别标准分类比较困难，也不能前后一致地按概念标准分类。因此在运用分类的方法进行学习时，教师应帮助学前儿童明确分类的标准，特别是在较小年龄阶段时，可以用“请你按照……来分类”这样的语言帮助学前儿童明确分类标准。在学前儿童已有了一定的知识基础，并已学习了分类方法之后，可以鼓励学前儿童确定分类的标准，例如，面对着一大堆形态各异、材料不同的杯子时，

问学前儿童："想一想，这些杯子可以怎么分呢？"逐渐使学前儿童能自己确定分类标准。

在这样的分类活动中，教师特别要注意不能以成人的标准要求学前儿童。不能认为符合成人概念分类标准的才是对的，否则就是错的。在分类中，其要点就是找出事物的"共同点"，而对"共同点"有不同的抽象概括水平，从而显示出学前儿童认知发展水平上的差异，但只要学前儿童能找出"共同点"就应予以肯定。例如，在分类活动中，有的学前儿童把"飞机"和"火车"放在一起，显然他们是从两者的作用去分类的。另有的学前儿童却把"飞机"和"鸟"放在一起，因为他们认为"它们都有翅膀，都会飞"，两者都发现了共同点。但共同点或标准不同，只有水平高低之分，而没有对错之分。

分类活动实例

活动名称：关于能否被磁铁吸引的物体的分类。

活动目标：根据能否被磁铁吸引这一标准对物体进行分类。

活动准备：给每个儿童提供一块磁铁。在一个盘子里放置钉子、螺丝、金属垫圈、纸夹、剪刀、橡皮筋、铅笔、橡皮、纸、木制积木、蜡笔、树叶、钥匙、1元硬币、1角镍币。

活动指导：请儿童以小组的形式进行探究，一次选择一种物体，用磁铁试试，看看哪些东西能被磁铁吸引，哪些不能。为帮助儿童更好地组织实验结果，设计一个薄片式的或再度使用的图表，它包含两列，一列是"能被磁铁吸引"，一列是"不能被磁铁吸引"，用文字写或画出来，或者采取图文并茂的形式。在用每一种物体进行实验之后，让儿童把物体放在表格中适当的位置。

五、测量

测量是按照某种规律，用数据来描述观察到的现象，即用量具或仪器对事物作出量化描述。测量是对非量化实物的量化过程。测量包括4个要素：测量对象、计量单位、测量方法、测量的准确度。学前儿童科学教育中的测量是指通过观察或运用简单的测量工具，对物体进行简单的、初级的测定，主要包括长度测量、质量测量、体积测量、温度测量、时间测量。根据测量的方式可以把测量分为：观察测量、非正式量具测量、正式量具测量。

（一）学前儿童应掌握的测量方法

1．观察测量

观察测量是指通过眼睛、手等感官的观察来测量物体。例如，通过目测（眼睛）来测量物体的大小、粗细、长短等；通过手来测量水的温度；用手掂量物体的轻重等。这些直观感知的测量一般用于特征比较明显的认识对象，例如，学前儿童凭观察便可得出哪个物体大、哪个物体小的结论。但是如果特征不明显的物体，用观察测量就难以进行，例如，两盆温度差异不太大的水，学前儿童就很难将它们区别开来。

2．非正式量具测量

非正式量具测量也称自然测量，指不采用通用、标准的量具，而是运用一些自然物（如木棍、积木、绳子、手指、手臂、步长等）作为量具，对物体进行直接测量的方法。在学前儿童阶段，由于他们年龄小，对掌握标准的计量单位有困难，所以较多地用非正式量具进行测量，例如，让学前儿童用手指量一量小树长高了多少，等等。非正式量具测量可以使学前儿童在避免测量单位带来困难的前提下，掌握测量的基本知识。例如，在测量长度时，要将测量工具与被测物对齐、放平。又如用不同的量具测量，会使结果不一样，等等。

3．正式量具测量

正式量具测量是指以通用的标准量具对物体进行测量。适合学前儿童使用的测量工具主要有尺、天平、温度计、钟表、秤等。如同前述，要学前儿童掌握正式量具的测量单位是有困难的，但是这并不等于学前儿童不能接触正式量具。通过对正式测量工具的操作和使用，可以使学前儿童懂得这些量具的作用，初步了解时空等概念性较强的知识。例如，让学前儿童用温度计测量 3 盆不同温度的热水。如果用观察测量（手测）是难以测出哪盆水最热、哪盆水最冷的，但是使用温度计测量，即使学前儿童读不懂温度计上的数字，但是只要通过观察温度计上水银柱的高低度，便可知道这 3 盆水之间的水温差异了。

（二）学前儿童测量时应注意的事项

在组织学前儿童的测量活动时，教师应该注意以下问题：

1．进行测量活动，重在培养测量意识

大量的事例说明，在学前儿童阶段，儿童已经有了通过测量来认识周围物体的需要。例如，在活动中，两个学前儿童比赛谁跳得远，但结果是两个人跳得差不多远，到底谁跳得更远一些呢？因为没有运用测量的方法，谁也说不清。这些事例说明了学前儿童已开始构建测量概念。因此，需要让学前儿童从小树立应有的测量意识，特别是培养学前儿童用量具对物体进行测量的意识，它是让学前儿童更精确细致地认识事物的必不可少的手段之一。

2．帮助孩子学习运用非正式量具进行测量的方法

皮亚杰认为，量和数具有同构性，但是儿童对量的认识要晚于对数的认识，例如，测量的技能要到 8～11 岁才完全发展。中班以前儿童的测量只是通过感知来比较量的差异。中班以后，儿童才有可能学习用工具测量（非正式量具）。同时，学前儿童运用测量的方法，也稍晚于分类的方法。因为“相像与不同”“大一点与小一点”“多些与少些”以及与教师讨论分类、顺序排列同数目有关的一些概念，对于测量来说都是十分基本的、重要的。因此，一般来说，学前儿童学习运用测量的方法，要稍晚于观察、分类的方法。由于测量技能本身的要求，学前儿童对于测量的方法、技能还比较难以掌握，因此，需要教师给予指导。学前儿童学习测量，首先从直接比较两个并列的物体入手，然后让他们按照有刻度的

标准单位比较两个或两个以上物体，大致到了五岁半时，天平就能成为他们进行精细测量的有用工具了。

3．用正式量具测量时，量具要精确

正式量具之所以称为正式，就因为它的精确性。但学前儿童用的量具要经常进行校正，才能保证它的标准性，如天平秤等。教师不能以学前儿童年龄小，还不完全识别计量单位为借口，而让学前儿童使用不精确的量具。

除此之外，还要明确，在科学教育中运用测量的方法，是作为认识环境的方法之一，是为了更精确地认识事物，这与数学教育中的学习数量是有所不同的。

第三节　科学阅读

一、科学阅读的分类

科学阅读是指学前儿童通过阅读寓有科学知识的作品，包括故事、儿歌、谜语等，用来学习科学知识的一种方法。在学前儿童学习科学知识的过程中，不仅需要让他们亲历科学探究的过程，也可以而且有必要充分利用各种艺术手段，特别是低幼文艺作品来开展科学教育，这既是学前儿童科学教育的必需，也是学前儿童年龄特点使然。从牙牙学语开始，他们就对那些语言生动、情节丰富、画面形象突出、色彩鲜艳的图书产生了浓厚的兴趣，也对一些美妙的音乐旋律百听不厌。文学艺术作品（以下简称文艺作品）作为学前教育活动中的重要内容，贯穿于儿童生长的全过程，在许多的文艺作品中都融有大量的科技内容。学前儿童的已有知识经验非常缺乏，却对周围自然界的一切又十分好奇，因此，他们的求知欲极为强烈。文艺作品承载着丰富的科技知识，阅读一些文艺作品有利于扩展和丰富学前儿童的科学经验，激发他们对科学的兴趣，引导他们学习科学，帮助他们理解科学概念，为他们提供广阔的思维空间。通过文学艺术的方法进行科学教育，还可以使学前儿童在欣赏、学习文艺作品的过程中，感受科技对人类的影响，潜移默化地受到熏陶，从而培养学前儿童从小对科技的兴趣。另外，文艺作品多以趣味性为主，在学前儿童品味无穷趣味的过程中，他们更容易接受粗浅的科技知识，并且开拓他们的视野，激发想象力，在已有科学经验的基础上，产生丰富的科学幻想，从而提高学前儿童的创造潜力。

可以用于科学教育的阅读作品的范围很广，主要有文学作品和艺术作品两大类。文学作品包括诗歌、童话、故事、谜语等；艺术作品包括图片、画册、录像、歌曲与律动等。

（一）阅读文学作品

1．科学诗

科学诗以向学前儿童普及科学知识为主要目的，它是科学内容与诗歌形式相结合的产物。儿童科学诗的种类繁多，有科学叙事诗、科学抒情诗、科学儿歌或科学歌谣等。例如，诗歌《云彩和风》：

天上的云彩真有趣，天上的风儿真能干。

吹呀吹，云彩变成小白船，竖起桅杆，扬起风帆，小白船，飘呀飘，飘到远处看不见。

吹呀吹，云彩变成大狮子，躬起身子，张开大口，狮子吼呀吼，吓得羊群都逃散。

吹呀吹，云彩变成胖娃娃，头戴帽子，身穿围兜儿，跑来跑去，跟着太阳公公闹着玩。

天上的云彩真有趣，天上的风儿真能干。

2．科学童话。

科学童话又称知识童话、自然童话，它是用童话的艺术形式向学前儿童传授科学知识，达到童话性和科学性相统一的一种方法。科学童话能传达一定的科学知识，丰富启迪学前儿童的智慧，愉悦学前儿童的心情。科学童话的内容一般较浅显，情节结构安排也较单纯、简明。拟人化手法是科学童话在艺术表现上常用的手法。例如，《魔法奶奶的电话》：

魔法奶奶的魔法电话只有 4 个键，但它能拨通春姐姐、夏哥哥、秋姑姑和冬爷爷的电话。

刚吃完汤圆、拿过压岁钱的卓子急忙要求魔法奶奶打电话叫春姐姐马上回来。卓子说："冬天没有春天好，冬天要穿厚棉袄，春天可以穿漂亮的裙子放风筝。"

汤豆却说："还是打电话给夏哥哥好，春天的花粉会让人打喷嚏，夏天赤膊游泳多舒服。还有西瓜大又甜，还有莲花、莲蓬和莲藕！"

小添却要给秋姑姑打电话："夏天的太阳晒得身上疼，还是风凉的秋天好。秋日的蓝天最好看，柿子、枣子、山楂、玉米……好吃的东西数不清。"

卓子不服气："我不要绿叶变黄叶，秋雨还不如冬雪好。过年都在冬天过，过年还有压岁钱，四季里面冬最好！"

魔法奶奶拍手笑："兜了一圈人又说冬天好，我说四季也像娃娃脸，有时开心有时哭，无论是哭还是笑，每个娃娃我都爱。"

忽然听见电话响，春姐姐打电话来了："现在刚刚过 2 月，我正准备出门来，大家耐心等一等，哪个娃娃最乖，我送他一朵报春花。"

3．科学故事。

科学故事是科学内容与故事形式相结合的产物。它将科学技术上的发现、发明及发展、常见自然现象的科学道理、动植物的生活习性或其他物体的特征、性能等知识融于有人物、情节的故事之中。科学故事主要有科学生活故事、科学幻想故事、科学家的故事等。例如，《在海上》：

大海的夜，十分宁静。海里的动物躺在海妈妈的怀里，静静地睡着了。

咦，那章鱼怎么不睡呢？你看，它的两个触手还围着身体四周，不停地绕动哩！其实呀，它早就进入梦乡了。原来，章鱼有许多触手。它睡觉的时候，除掉两个触手围着身体四周不停地绕动外，其余所有的触手都卷起来睡着了。这些卷起来的触手往往睡得很死，不容易弄醒。但是，那两只不停地绕动的触手可清醒呢，只要一有东西碰到，它就会马上跳起来。这样，章鱼可以安心地睡觉，不怕敌人侵袭了。我暗暗地佩服章鱼真有办法！

河豚睡觉才有意思哩。它将身子弯起来，用水草或石子作靠背。白天，它的身体是褐色和深绿色的，但此刻睡觉时，却变为浅灰色，鳍和尾多为黑色。有了这一层保护色，敌人很难发现它，河豚也可以安心地做甜蜜的梦了。

大海里，睡觉最有气派的动物，恐怕是海象。你看，几百只海象像开会一般地挤在一块，睡得多有趣呀。这些海象睡觉的时候，总有一只海象不睡，给大伙儿站岗放哨，做保卫工作。海象的纪律很严明，如果站岗的海象疲倦了，上下眼皮直打架，必须推醒旁边的同伴“换岗”，才能去美美地睡觉。这样，一只换一只地轮流站岗放哨，大家才能睡得又甜又香！

4．谜语

谜语是通过隐喻和暗示，提供某些特征和线索供人猜测的一种隐语。科学教育中的谜语主要以具体的自然物体和某种现象为谜底，通过对该物体或现象特点的具体形象的描绘，影射谜底，对学前儿童进行科学教育。例如，谜语《鹅》：“头戴红帽子，身穿白褂子，走路摆架子，说话伸脖子。”

又如谜语《狮子》：“头发乱蓬蓬，样子很威风，开口吼一声，百兽都进洞。”

（二）欣赏艺术作品

（1）图片、照片、幻灯片。图片、幻灯片等以其内容的丰富性深深吸引着孩子，可以利用学前儿童对图片、幻灯片的好奇，吸引他们的注意力；培养其观察、想象、创造的能力。例如，当教师展示图片，或通过投影仪、幻灯机放出每个季节最显著、最主要的特征时，就能使学前儿童认识四季的变化。同时，学前儿童还可以积累关于声、光、电的经验，如什么东西会发光，声音是怎样发生的，电有什么作用，电灯是怎么回事等，这样既增长了儿童的科技知识，也能提高他们对美术的兴趣。

（2）科普画册和图画书。通过简单的有关科学内容的画面，向学前儿童进行科学教育。科普画册因其图文并茂而深受学前儿童喜爱，如《学前儿童知识百科》《大眼睛看世界》等。还有一些优秀的儿童图画书，因其画面美观、颜色丰富、内容的寓意深刻而深受孩子们的喜欢。因此，无论是诗歌、科学童话，还是科学故事，都应配有彩色的图画页面。

（3）录像与 CD-ROM。录像和 CD-ROM 都是以动态的画面向学前儿童展示科学内容的一种方式。它能比书本更生动地为学前儿童提供大量的信息。例如，一个录像能展现蜗牛移动的细节，也能在一个较短的时间内快速地展示一种动物或植物的生命周期现象。这是一本平面、静态的书籍所不能实现的。

（4）歌曲与律动。低龄学前儿童的歌曲很多，其中有不少都是描述自然现象或者自然物的，如《夏天的大雷雨》《大肥猪》《乘汽车》等。其中有一首《秋天的落叶》中这样唱道：“草儿黄，树叶飘，飘在地上睡个觉。小蟋蟀，吱吱吱吱，秋天来到了。草儿黄，树叶飘，飘在地上睡个觉。菊花开了，红的，黄的，秋天来到了。”另外还有一些音乐律动，让孩子跟随旋律来做一些有关的动作。这些动作往往是和自然界或技术领域的内容有关，如《兔跳》《蝴蝶飞》《马跑》《猫走》等。

二、科学阅读的指导

科学阅读有利于扩展与丰富学前儿童的科学经验，激发学前儿童对科学的兴趣，引导学前儿童学习科学，帮助学前儿童理解科学概念。早期科学阅读还能激发学前儿童的想象力，在已有科学经验的基础上，产生丰富的科学幻想，从而挖掘学前儿童的创造潜力。科学阅读对学前儿童是如此重要，所以在运用科学阅读方法进行科学教育时，既要选择好阅读的材料，还要对学前儿童阅读的本身加以指导。

（一）选择合适的材料

在选择文学作品材料时，应考虑其内容的针对性。内容的针对性首先表现在内容应能结合幼儿园科学教育的需要，使文艺作品成为科学教育的重要内容与方法；其次表现在能符合学前儿童的年龄特点，不同年龄阶段的学前儿童所选择的文艺作品虽应有不同，但总体来说，作品应该围绕一个科学现象或概念展开其情节，以免内容松散，或者内容庞杂，让学前儿童通过文艺作品能对内容留下比较深刻的印象。

在选择直接供儿童阅读的作品时，还要对材料本身进行考察。考察包括纸张、画面的形象、颜色、印刷质量等。通常是，供学前儿童进行早期科学阅读的作品，应该是大画面（最好是实物照片）、色彩鲜艳、文字少而浅显的、主题突出、印刷及纸张质量较好，以吸引学前儿童阅读。

（二）结合运用文艺作品的内容

在幼儿园教育中可以结合主题活动的需要，运用文艺作品。文艺作品的作用之一，是能通过阅读，扩大学前儿童的眼界，使他们产生丰富的想象力，并不要求一定要掌握材料所提供的内容。因此结合活动主题，让学前儿童接触一些与主题相关，但是又超越主题要求之外的、非常宽泛的背景，这样无疑对学前儿童是有益的。例如，在《物体的相同与不同》的主题活动中，提供了图书《安·莫里斯的帽子、帽子、帽子》，书中就展示了世界各地的帽子，强化了“物体是如何的相同与不同”。又如，在“秋天到了”的主题中，选择了“秋天、秋天”的歌曲，能让孩子在感受秋天天气变幻的同时，释放自己愉悦的心情。虽然，一些文艺作品特别是图书中的内容对一些年龄小的儿童来说，有时会显得太难，但是其中的许多内容，都能使他们感到无穷的乐趣。

除了结合主题活动以外，也可以在“图书角”“阅读角”“科学阅读区”“音乐角”“小舞台”等场所放置一些文艺作品的材料，如图书、录音磁带等，供学前儿童自由选择、阅读、聆听和欣赏。这些材料既可以是与主题有关的，也可以是与主题没有关系的，但是无论与主题有无关系，都应适合该年龄阶段学前儿童的特点。另外，也可以鼓励学前儿童将自己家里的有关科技的文艺作品带来，一起分享。

（三）师生共同阅读和欣赏

文艺作品中虽有学前儿童自由阅读和欣赏的部分，但是师生共同阅读和欣赏更为重要。

在师生共同阅读、欣赏的过程中，教师可以运用提问的方法与学前儿童一起阅读图书、欣赏歌曲，熟悉和理解图书、歌曲的大致内容。然后应围绕内容重点开展活动，因为重点或难点没有得到正确的理解，往往会影响学前儿童对文艺作品主要内容的把握。在学前儿童对主要内容有所把握后，教师要鼓励他们将主要内容总结、归纳，结合作品的难点、重点，进行必要的指导，能使学前儿童将作品中的细节与内容相融合，从而比较深入地理解作品的主要内容，并可体验作品中所折射出的思想。这一点，在和学前儿童共同阅读图书的过程中最为明显。

（四）结合运用各种方法

文艺作品中的科技内容往往是学前儿童最关心的。在利用这些文艺作品丰富儿童科学活动的过程中，要结合各种科学教育的方法，并加以适当的引导。

第一，结合观察的方法。观察是幼儿园科技活动不可缺少的内容。文艺作品中的科学知识常常是通过观察来验证的。例如，儿歌《七彩虹》："雨过天放晴，太阳露微笑，双手捧出七彩虹……"教师可抓住雨过天晴的天气，带儿童去观察彩虹出来后的景色，讲述其中的科学道理。使学前儿童在观察中，通过他们自己的感官的直接感知，相信科学，向往科学。

第二，结合小实验的方法。将文艺作品中的科技知识付诸实现，让学前儿童懂得其中简单的科学道理。例如，歌曲《小红花》，是学前儿童喜欢的一首歌曲，其歌词是："花园中，篱笆下，我种下一朵小红花，春天的太阳当头照，春天的小雨哗哗下……"学前儿童通过学习唱这样的歌曲，不仅学习了歌唱，还能通过适当的方法理解歌词内容中的科学道理。教师可以组织小实验活动，让儿童亲手去种植一些植物，通过植物的生长过程，逐渐明白泥土、阳光、水、空气在植物生长中的作用。

第三，结合游戏的方法。游戏是学前儿童的主导活动，是儿童最喜爱的活动形式，游戏中同样包含许多科学知识。例如，在为学前儿童讲述科学家爱迪生的故事时，不仅使大班的孩子们接受了爱科学、学科学的教育，而且还可以与学前儿童一起玩"通电"的游戏，使科学知识贯穿于游戏之中。小朋友们来充做电线，大家围成圆圈，双手依次拉起来便表示是接通电源了，圈内的小朋友便可模拟电动玩具发动了。圈上的小朋友手一放下，就表示是断电了，圈内的小朋友就要停止活动，谁最慢就为输。

第四，结合信息交流的方法。文艺作品中涉及的科学知识，需要通过语言交流的方法来进行理解和提升。教师可以通过讲述、提问、讨论等各种方法，使学前儿童明白其中的科学道理。

总之，在运用文艺作品进行科学教育时，因为文艺作品往往不是以单一方式呈现，所以可以结合多种方法交叉进行，这样相互交融、手脑并用，效果更佳。

思考题

1. 什么是观察？观察方法的运用需要注意哪些问题？

2. 科学实验分为哪几种类型？教师在指导科学实验中应该注意什么？
3. 什么是分类与测量？结合分类方法的理解，设计一个分类方法的运用方案。
4. 什么是科学游戏？请举例说明科学游戏的类型。
5. 什么是种植与饲养？种植与饲养的过程中有哪些事项需要注意？
6. 科学阅读方法的运用需要注意哪些问题？

第六章　学前儿童科学教育的资源与环境

学习目标

- 了解学前儿童科学教育环境的类型和范围。
- 理解学前儿童科学教育环境的创设要求。
- 了解家庭中学前儿童科学教育的特点。
- 掌握家庭中学前儿童科学教育实施方法。
- 理解学前儿童科学教育社会资源的概念及其利用。

环境是泛指个体生活于其中，能影响个体发展的一切外部条件，它是客观存在的，且与人类有直接或间接的联系。由此可见，凡是儿童所接触的一切人、事、物都是影响他们发展的环境因素。

第一节　学前儿童科学教育环境的创设

学前儿童科学教育环境是多种因素的综合，它包括心理环境因素和社会、小学校（园）、家庭等环境因素以及这些因素之间的相互作用，它们共同构成了一个复杂的系统，而且这个系统在不断变化，是一个动态的系统。它直接影响学前儿童学科学的行为，影响儿童认知的、社会的和情感的发展。它是学前儿童科学教育中的一个重要组成部分。

一、幼儿园科学教育活动的环境

儿童对周围世界的认识，有自己特定的思路。例如，教师带儿童观察太阳，想让儿童知道太阳东升西落的规律、太阳发光发热的作用，但儿童观察时思考的问题是："太阳有家吗？它有爸爸妈妈吗？""太阳从西边落下，早晨从东边升起，它是在地底下睡了一夜吗?"儿童的思路不仅和成人不一样，而且有其自身的"逻辑"结构。因此，在创设儿童科学教育活动环境时，应当考虑儿童的心理世界，创设儿童所需要的、所喜爱的，而且容易被儿童接受的科教环境。以下几点在创设环境时可供参考。

（一）科学教育活动环境必须符合学前儿童的个性特点

儿童好动、爱说，并喜欢用动作、语言及情感来表达对环境的感受。因此，为儿童所创设的科教环境，应尽量形象、具体、生动、活泼，富有情感色彩。例如，应把儿童科学发现室的墙饰布置成神秘的宇宙，切记不能成人化，应该既有科学的气氛，又充满童趣。儿童对周围一切新奇的东西，都想看看、听听、摸摸、碰碰，正是通过这些具体的感触，儿童接受了外界的信息刺激，形成了最初的感知。但是如果环境始终是单调的、枯燥的、不变的，儿童就会对周围环境失去兴趣。因此，还应为儿童创设新鲜、奇特的环境。

（二）科学教育活动的环境必须是能让学前儿童介入的环境

若设置的环境超过了儿童所能接受的界限，儿童就很难介入环境。关键是必须根据儿童的年龄来设计，小班、中班、大班应各有特色，通常的处理方式是：用简单的事和物构成鲜明、突出的环境较适合小班儿童；较复杂的事物或事物之间有简单联系或因果关系的环境较适合中、大班儿童。

（三）科学教育活动的环境应是让学前儿童能够产生共鸣的环境

学前儿童的任何活动都是在一定的环境中进行的，活动的过程往往是与环境相互作用的结果。因此，学前儿童科学教育活动环境应该是和谐的、宽松的、自由的，促使儿童在这样的环境中按自己的愿望进行操作，自由自在地探索，敢于与同伴交谈、讨论，并能与同伴友好合作。因此别过多地强调遵守纪律而不让儿童多讲话、多走动，不要给儿童太多的限制和约束，使儿童在活动中缩手缩脚。

（四）科学教育活动的环境应是有利于儿童进行实践体验的环境

科学教育活动的环境应当有利于学前儿童在环境中进行实践和体验，使其获得成就感，产生成功的喜悦。儿童由于其特定的生理和心理特点，对自身的言行往往缺乏评价能力，他们常是从周围人的评估中来认识自己的行为的，因此成人对儿童在环境中的探索应给予鼓励与支持。学前阶段儿童获得成功的体验，对他们的一生具有极为重要的作用，会增强自信心，增强参与活动的能动性，并由此产生的正强化效应将指导儿童找到自己的努力方向，最终取得成功。

（五）科学教育活动的环境应具有自然色彩

儿童的年龄越小，越喜爱具有自然色彩的环境，如树林、花园、草地、动物园等。因此，在创设环境时，应充分利用自然界所提供的沙、水、土、石、泥、动物、植物等，构建各种玩水、玩沙、玩泥、饲养小动物、种植瓜果、蔬菜等让儿童利用自然材料进行活动的环境。还应当充分利用小学校（园）或周围的自然环境。经常带儿童到大自然中去，感受大自然的奇妙，增强感性认识，开阔儿童眼界，这样能激发起儿童对自然的兴趣和探求的欲望。

二、家庭科学教育活动的环境

学前儿童科学学习的内容，来自周围环境中常见的物体与现象。学前儿童自出生后，到三四岁以后才进入幼儿园，而家庭的影响从个体出生的瞬间就已经开始，家庭是学前儿童最早接触的科学教育环境。孩子自出生后，就生活在家庭这一具体的科学教育环境之中，他们在家庭中与周围自然环境发生着密切联系，他们呼吸着周围的新鲜空气，凝视着来自外界的各种光线和物体，倾听着不同物体发出的声响，品尝着各种食品的味道，嗅闻着许多物体散发出的气味，触摸着物体的不同形状、质地并了解物质的不同特性，等等。这些对物质世界的感觉经验从在家庭生活中开始获取，并逐步在他们的大脑里建构起有关自然科学的最初步的认知结构。因此可以说，家庭是学前儿童开始学习科学的园地，学前儿童最早在家庭环境中形成的科学经验和能力，将成为日后接受幼儿园乃至学校科学教育的基础。

家庭科学教育活动的环境创设，可以从以下几方面着手：

（一）正确对待学前儿童的好奇好问

正确对待儿童的好奇、好问。儿童对周围世界的好奇心是十分强烈的，当儿童提出这是什么、那是什么的时候，做父母的首先要鼓励、支持儿童由好奇而开始的探索活动，并对孩子不解之处，伴以详细讲解，满足儿童的好奇心。在回答儿童提出的问题时，正确的做法是：对具体需要给予定名的这类问题，家长可直接告诉他，如“这是闹钟”“这是收音机”。而对于那些有关事物的属性问题，通过孩子的观察能自己得到的解答，做家长的应尽力启发儿童自己观察找出问题的答案，如“昆虫有几条腿?”“蜜蜂的‘嗡嗡’声是从哪里发出来的?”等。

（二）多带儿童到大自然中去，引导儿童观察

1. 科学教育内容的特点之一便是涉及面广

上至天文现象、宇宙天体，下至地理物产、风土人情等，包括人类知识中许多学科的内容，均可渗透于家庭生活之中。

学前儿童是否善于使用感官，从家庭生活各个方面去吸取科学信息，这是家庭科学教育成功与否的关键之一。学前儿童年龄尚小，在通常情况下，他们不善于主动利用自己的感官，去发现日常生活中的这些科学现象，因此，家长要有意识地引导孩子去注意和发现它们，提醒学前儿童注意观察和探索，并经常向学前儿童提“为什么”来培养他们对科学的兴趣。家长可以在任何时间、任何场合，以简短的语言、有趣的问题启发、引导学前儿童的观察，例如：吃的食物的来源，穿的衣服用什么布料，家中的电器、家具的用途；大自然中的日月星辰运转规律，山水景色的变化，树木花卉的颜色；洗衣机如何洗净衣服，微波炉的功能，妈妈洗鸡的过程，爸爸修自行车的工具……都可引导学前儿童仔细观察。当孩子问你“是什么”“为什么”时，除了一些不能通过观察得出结论的事物，都不必急于将答案告诉他，而应引导他去观察、去发现。例如，孩子问：“天上一条条有颜色的东西是什么？天上怎么会出现这种东西的？”你可以告诉孩子：“那叫虹。”同时，还可反问他：“天上什么时候有虹？是白天还是晚上？是晴天还是雨后？是冬天还是夏天？有太阳时还是没太阳时？”进而可以用一块三棱镜让孩子观察阳光可以分解成7种颜色的光。还可带孩

子到室外，对着太阳光喷一口水，喷成雾状，便会出现一条人工小彩虹，让孩子通过观察得出结论：虹是由太阳光生成的，雨后出太阳时会出现虹。经常地让孩子自己去观察和思考，以后孩子遇到类似的情况就会留意去观察，兴趣盎然地去找答案。

2. 父母要着手培养儿童的观察习惯

当儿童对周围世界表现出兴趣时，不论儿童观察什么，家长都应提出观察要求，使整个观察过程按目的进行，以便孩子能抓住观察对象最本质的东西。例如，儿童很喜欢上动物园，每次上动物园前，家长都要预先想好重点观察的内容，向儿童提出观察要求。到了动物园，引导儿童观察该动物的外形特征，与它们的生活习性联系起来，并得出结论，使孩子每次都有新的发现与收获。经常这样地对儿童提出要求，孩子就逐渐养成了按目的要求较持久地有意观察的习惯。

3. 还要尽量引导儿童运用眼睛以外的其他感觉器官

在观察过程中，通过听、嗅、闻、触摸和品尝等，使儿童对所看到的东西有一个更为全面和完整的认识。例如，可以让学前儿童摸一摸木块和玻璃的表面有何不同，闻一闻醋和油的气味有什么区别。此外，还应教会学前儿童一些正确的观察方法，并帮助学前儿童用语言及其他方式来表达观察的印象及感受。

（三）鼓励学前儿童的探索活动

在家庭生活中，很多事物现象都会引起本来就好动的学前儿童的好奇，继而产生了想摆弄、去探索的需求。例如，学前儿童在院子里偶然发现了一只小虫子，导致该学前儿童的追逐、捕捉、饲养昆虫的活动。有的学前儿童在幼儿园进行了小实验的活动，回到家里仍意犹未尽。例如，在幼儿园进行“摩擦”的小实验，学前儿童回家便找出相应材料来想继续探究。也有的是因为想学习爸爸妈妈进行过的活动，如开、关电器等。这些都是学前儿童主动学习、探索科学的过程，其作用远胜于家长枯燥的讲解。家庭成员可以采取以下方式鼓励学前儿童的探索活动：

1. 关心学前儿童的探索活动

对学前儿童的探索活动，应给予鼓励和支持。由于这样的活动往往会使孩子翻找东西，爬上爬下，甚至挖土冲水，家长就认为这是孩子调皮，于是轻则置之不理，重则训斥，甚至抢走、扔掉孩子正在进行探索的东西，严厉制止孩子的探索活动，这些都是不正确的态度和做法。家长应关心鼓励学前儿童的探索活动，使孩子的科学活动得以持续。

2. 为探索活动提供必要的物质条件

除了关心学前儿童的探索活动以外，还应为学前儿童的探索活动提供一些条件。学前儿童在探索活动中，经常需要一些必要的物质条件，如一只乒乓球、一根细绳、两粒纽扣，或者几只瓶子、一小壶水、塑料片、木块等，只要这些要求不涉及安全问题，家长都应尽量予以满足。

3．父母参与学前儿童的探索活动。

在这些自发的探索活动中，学前儿童往往会遇到一些困难，或者在探索过程中须要有同伴与他们一起探究，他们要把心中的感受、所获得的科学经验向别人倾诉。所以适当的时候，家长可以参与学前儿童的探索活动，讨论遇到的困难，及时帮助孩子，指导学前儿童发现事物之间的关系，共享探索活动的成功与乐趣，让孩子体验到家长对其探索活动的支持与鼓励，从而更积极地学习科学。当然，家长参与学前儿童的探索活动，主要还是起到帮助、建议、引导的作用，而不是包办代替。

（四）密切配合幼儿园的科学教育活动

1．启发学前儿童叙述在园学习的科学内容

学前儿童乐意将在幼儿园所学的最感兴趣、印象深刻的科学教育内容向家长谈论，或重复实验给家长看，以显示自己的本领。学前儿童要将在幼儿园所学的东西重复讲给家长听，做给家长看，就必须通过他自己的积极思维活动，整理他获得的科学信息，这不但有利于科学知识的巩固，还将有助于学前儿童思维的发展。做家长的应表示欢迎，并耐心倾听孩子叙述。学前儿童在重复叙述或实验过程中，会发生一些错误的说法或做法，家长不要急于纠正，而要帮助学前儿童再探索。对学前儿童回家来做科学小实验或科学游戏，也要予以积极支持。

2．向幼儿园介绍孩子在家庭中学习科学的情况

家长每天都会接送孩子，和幼儿园教师接触的机会较多，可以利用接送孩子的机会，把学前儿童在家学习科学的情况向教师作一些反映，主要有以下几方面：

（1）学前儿童回家后对幼儿园科学教育情况的反映。如孩子是否能完整叙述，孩子哪些科学概念未弄懂，回家重复实验是否成功，实验所包含的科学知识学前儿童是否理解，等等。

（2）学前儿童在家里学习科学的情况。例如：周日去海滨捡了一些贝壳，孩子回家后进行了分类；孩子在看电视节目时对某个科技产品很感兴趣；孩子在家作了月亮盈亏的观察记录；等等。

（3）学前儿童所提有关科学的一些问题。例如，夏天为什么会打雷？而冬天为什么不打雷？乌龟是吃什么长大的？有了电线送来的电，为什么还要用干电池……这样，可以帮助幼儿园及时了解自身科学教育的反馈情况，提高科学教育质量。同时，幼儿园教师了解家庭科学教育及学前儿童需求的动向，可以计划、调整幼儿园的科学教育，使家庭和幼儿园形成合力，不断提高科学教育的效果。

3．支持孩子为幼儿园的科学教育作贡献

幼儿园的科学教育，需得到家庭的支持，特别是一些材料搜集、学前儿童本身的知识准备等方面，需要家庭尽量地提供帮助。帮助与支持具有被动的和主动的两方面。被动的

方面指根据幼儿园的安排，作一些准备，或搜集一些材料。例如，学前儿童要进行“各种各样的笔”的活动。事先，教师请学前儿童回家与家长共同搜集各种不同的笔，拿到幼儿园作“笔的展览”。又如在进行“服装面料”的活动前，先在家里观察比较自己的以及爸爸妈妈的服装都有一些什么样的面料，找一两件特别的面料带到幼儿园，等等。主动的方面指不是根据幼儿园的安排，而是家长与学前儿童主动找一些材料、物品拿到幼儿园来支持学前儿童的科学教育，例如：爷爷从乡下农村来了，带来一些菜子，让孩子带到幼儿园供大家种植、观察；妈妈从菜市场买回几条活泼的小金鱼，让孩子带到幼儿园，丰富自然角的内容；幼儿园饲养了小兔子，大家从家里带来青菜、萝卜喂养；爸爸从海滨城市出差回来，带回来的贝壳拿到幼儿园供大家观赏；等等。

家庭和幼儿园的密切配合，不仅提高了科学教育效果，而且对增进幼儿园和家庭的联系、亲密各方（学前儿童与学前儿童之间、学前儿童与教师之间、学前儿童与其他家长之间、家长与家长之间）的关系有极大的帮助。

（五）对儿童的活动加以引导

在家庭中，除了家长回答学前儿童的问题，引导学前儿童探索、观察、实验等以外，还可利用各种传播媒介引导学前儿童学习科学，如电视、广播、电影、图书、电脑多媒体等途径，如电视节目中的“东芝动物乐园”“欢乐科学城”等，画册中《学前儿童科技启蒙》《学前儿童动植物图鉴》等。倾听广播中有趣的科学故事，以开阔学前儿童的眼界，丰富学前儿童的感性认识。从这些途径所获得的知识，有的可能不太完整，有的可能过于深奥，也有的可能有些重复，但却是以后学习科学的基础，其作用不可低估。但从这些途径所获得的知识有的并不是专门为学前儿童年龄阶段设计的，即使是学前儿童节目，也有年龄阶段之分，所以并不十分贴切，因此，家长应作一些有选择的指导，这样效果将会更好。

（六）学习集体教学无法重视的知识经验

每一个家庭都有不同的文化背景，每一位家长也有不同的知识和职业。家长的学历有高有低，但是没有绝对无知的家长。所有的父母都懂得很多知识，但是这些知识未必是学校承认和重视的知识。在学前儿童的科学探索活动中，鼓励家长、调动家长的各种才能和智慧，例如，处理日常事务的各种方法，修理家庭中各种用具的方法，这些对孩子来说就是知识和发现的宝库。因为会修修补补的人懂得某些物质的属性，懂得有关平衡、机械和电的知识；很多未上过学的从农村来的家长，虽然他们也许不识字，但是却拥有关于植物、季节、气象及工具等方面的丰富知识。要使得孩子有更多的机会向父母学习简单而又丰富的知识，父母就越能做出更多的对自己、对孩子、对幼儿园都有益的事情。

三、社会科学教育活动的环境

人作为社会的成员，从出生起就具有了社会性，而且无时无刻不受社会环境的影响。在学前儿童科学教育活动中，社会的导向和发展趋势影响家长的教育观，从而影响了儿童

自然界的距离越来越远，他们的游戏对象与游戏内容不再是自然物，而是书籍、电视、电脑等。他们对于自然界的认知极其缺乏。这一现状成为儿童教育中最苍白无力的一块。教师与家长应该正确地认识大自然的重要作用。大自然是儿童天然的教材。儿童在大自然中嬉戏，在大自然中成长。这也正是儿童科学教育无穷魅力和特色之所在，教师应当牢牢抓住大自然这部最好的教材，尽可能地让儿童在广阔的自然环境中接受教育。这样就能充分激发儿童的兴趣，取得良好的教育效果，并且十分符合儿童直观、具体形象思维的特点。大自然是儿童最亲密的伙伴，同时儿童也在大自然中获得丰富的知识。例如，儿童在户外玩耍嬉戏的过程中了解了天气的变化，在捕捉昆虫的过程中知道了昆虫有6条腿，有的昆虫会飞，有的昆虫会爬，有的昆虫会跳，有的昆虫吃菜叶，是害虫，有的昆虫吃蚊蝇，是益虫。在与大自然的接触中，儿童也会亲眼看到植物的生长过程和动物的生活习性。此种形象直观、生动的教育对象是最适合儿童年龄特点的；此外自然界中自然现象的发生和发展具有时间上的连续性、空间上的依赖性和事物相互之间的依存性，这些特点也为儿童科学教育提供了生动的教育对象。例如，春夏秋冬四季的变化是有顺序的，并且是循环往复的，柳树从吐芽，长出嫩叶，树叶变黄，然后飘落，也都是有规律的和有顺序的，可以让儿童有机会反复观察，加深印象，并且看到事物之间的因果关系。因此自然环境是儿童学科学的生动对象，是教师在课堂中用一盆花、一张图片所无法囊括的。

（二）自然资源的利用

教师要对社区内的自然环境有充分的了解，动脑筋想办法，尽可能地挖掘和利用身边自然环境资源，并且在教学过程中有意识地加以运用。这一运用包括：

1. 经常性地组织活动让儿童在大自然中接受陶冶

在城市的幼儿园内，教师要定期制订计划组织儿童到郊外、公园、绿地等自然环境当中，充分利用大自然对儿童进行科学教育，如春游、秋游或者是户外的散步、街心公园的自由游戏等。在学习动植物的有关知识内容时，除了让儿童看有关的图片、资料、录像以外，还要带领儿童走出幼儿园到植物园、动物园、博物馆、海洋世界等地方参观，游览。

2. 尽量利用自然界的实物作为儿童的教育内容

在教师选择的教育活动中，可以用自然物体的应尽量采用实物，而不用图片或者其他形式，使儿童能够充分发挥感受器官的作用并得到第一手的感性经验。例如，在认识春天的教育活动中，光靠图片是不够的（或者说是不理想的），教师应该带领儿童到户外去寻找春天，感受春天。儿童在真实的自然中获得了对春天的感性认识，这种认识要比图片深刻和形象得多。

二、社会资源

（一）社会资源的价值

作为社区中的重要教育机构，幼儿园的生存和发展在很大程度上依赖于社区的发展，社区中的人口、居民的素质以及社区文化等诸多因素影响幼儿园的发展；同时幼儿园也可以充分利用社区资源来为教育服务。对于幼儿教师而言，所处的幼儿园规模、设备、水平不一，也就在可用的资源上有了差别，但是无论如何，教师完全可以利用社会上具备的某些资源，来弥补幼儿园教育资源的不足，使儿童教育成为开放式教育，即教师不是把儿童封闭在幼儿园中，而是打破幼儿园和社会之间封闭的界限，带领儿童走出幼儿园的大门，或者将社区资源请进幼儿园，真正做到社会教育和学校教育的沟通和合作，达到教育合力更大的效果。

（二）社会资源的利用

1. 教师组织儿童到社会设施去参观，开阔儿童的眼界

目前，随着国家经济的飞速发展，社会设施的建设也在逐渐发展，并且得到社会各界的支持和赞助。在我国各个城市都有丰富的社会设施，这些设施包括博物馆、科技馆、儿童游乐园等。幼儿教师可以充分利用这些场馆，作为儿童科学教育的一个场所。

如某大班儿童对恐龙非常感兴趣，幼儿园内的资源又十分有限，教师组织一次到自然博物馆参观的活动，在那里有一个专门的恐龙展览，展出恐龙的骨架、各种图片、文字等，内容十分丰富。儿童在参观过程中感到十分新奇，同时表现出极大的兴趣，他们还听到了讲解员阿姨生动有趣的讲解，他们一边看，一边听，一边议论，获得了丰富的恐龙知识，也满足了对于恐龙的好奇心。回到学校后很长一段时间，孩子们对于这次参观还念念不忘，问老师："咱们什么时候还去自然博物馆?"

2. 社会资源的利用应当结合幼儿园实际，因地制宜

对于许多幼儿园来说，由于条件的局限，不可能经常性地组织儿童到正规的设施中去参观。教师可以充分利用附近街道、社区中的资源，带领儿童走出去，增长见识，丰富活动的形式和内容。

如某教师设计了认识水果和干果的活动。按照惯例，教师须要搜集各种水果和干果的图片和实物，在课堂上来观察、讲述。但是这一次，教师却改变了以往的做法，带领儿童走出幼儿园，来到幼儿园所在的胡同里，那里有一家小小的水果店，在胡同口也摆放着几个水果摊。儿童在教师的指导启发下辨认着各种水果和干果，小朋友们兴奋地交谈着，一个孩子说，"这是杧果，我吃过"，另外一个孩子说，"我也吃过"。教师还请售货员阿姨向儿童介绍一些他们不认识的水果。活动进行得十分有趣和生动。许多孩子纷纷把这件新鲜事告诉了家长。

3. 将社会资源引入幼儿园，配合幼儿园教育的开展

引入社会资源，配合幼儿园教育，这也是利用社会资源的一种重要形式，如配合某些教育活动邀请某些专业人士到幼儿园进行教育等。例如，某幼儿园在"认识火"的教育活动中，请来了消防队员到幼儿园亲自演示讲解，儿童认识到了火对于人们的好处，更认识到火可能带来的危害。消防员叔叔也向儿童演示了消防器材的使用，给儿童留下了深刻的

印象。这次活动使他们获得了许多火灾知识，树立了安全意识，也充分激发了儿童对火的兴趣和对消防员叔叔的敬佩之情。又如幼儿园在认识牙齿的活动中，也可以请医生到幼儿园来进行这一方面的教育，等等。

思考题

1．什么是学前儿童科学教育环境，其类型有哪些？
2．结合实际谈谈学前儿童科学教育环境创设的要求。
3．家庭中学前儿童教育有怎样的特点？
4．怎样在家庭中实施学前儿童科学教育？
5．根据实际，简述家庭与幼儿园互动教学的实例。
6．如何利用社会资源开展学前儿童科学教育活动？

第七章　学前儿童科学教育评价

学习目标

- 理解学前儿童科学教育评价的概念、意义。
- 理解学前儿童科学教育评价的内容与要求。
- 掌握学前儿童科学教育评价的方法。
- 初步掌握运用教育评价方法设计和实施学前儿童科学教育的方案。

学前儿童科学教育的评价是儿童教育评价的一个组成部分。儿童科学教育的评价是对教育活动的设计、组织、实施状况及效果进行科学的分析和判断。这样的评价既能使现有的科学教育活动正常进行，又为未来的科学教育活动发展探寻新的生长点。

第一节　学前儿童科学教育评价概述

学前儿童科学教育评价可以是全面的、综合的。如对照目标，判断一个幼儿园或一个班级科学教育的各方面的水平；也可以是单项性的，如评价某个幼儿园科学教育计划的制订情况、评价幼儿的科学素质总体或某方面的发展水平等。

一、学前儿童科学教育评价的概念

学前儿童科学教育评价是学前儿童教育评价的一个组成部分。它是以科学教育为对象，根据一定的目标，采用一切可行的评价技术和方法，对学前儿童科学教育的现象及其效果进行测定，分析目标实现程度，作出价值判断的过程。例如，评价教师在进行科学教育时，是否把握教学原则、方法，以及科学教育活动的设计或指导是否适当等，又如对幼儿学习科学情况的了解等。教师、家长和幼儿经过一番有关科学的教育或学习，都希望了解自己努力的成果和获得的价值，这类通过一定的科学方法与途径，多方面搜集有关的事实资料，再参照合理的衡量标准，加以比较分析、综合研究，而获得结果的了解和价值的判断的过程，便是科学教育评价。

二、学前儿童科学教育评价的意义

（一）评价是控制学前儿童科学教育质量的手段

科学教育是在一定的教育目标指导下实施的。教育活动是否已达到设定好的目标，需要通过评价来作出鉴定。学前儿童科学教育评价具有反馈功能，通过科学教育评价，可敏锐地发现问题与不足，并不断地加以修正，使科学教育的薄弱环节加强，从而改进科学教育工作，即幼儿园所制定的科学教育目标，选用的科学内容、方法、原则，以及教师自身的知识经验，等等，是否与学前儿童的年龄特点、知识经验、现有认知水平相适应，幼儿园科学教育是否达到了预期的效果，都要通过对科学教育整个过程全面测评、估量，才能作科学的了解。通过这样的了解，可以知道科学教育取得的成绩，进一步提高工作与学习的积极性；同时，也可看到哪些方面不足，从而进行改进。因此，可以说学前儿童科学教育评价是一种反馈——矫正系统，可用来判断科学教育过程中的每一个步骤是否有效，如无效则必须及时采取变革措施，以确保科学教育质量。例如，通过了解幼儿园教师对幼儿进行科学教育的情况，发现该教师对科学教育的目标的理解有偏差，这时立即给予反馈，就可使该教师及时进行修正，以确保科学教育质量。

（二）评价是积累学前儿童科学教育经验的重要途径

据前所述，评价可以发现科学教育中存在的问题，从而及时改进，以确保科学教育的有效、高质。同时，被验证是有效高质的各个具体的科学教育活动，又可作为日后科学教育的内容、方法、途径等选择的依据。例如，某幼儿园进行了“寻找阳光”的科学探索活动，通过评价、修正，最后确定了该活动的有效性，这样的活动方案就可作为经验保留、积累，在今后的科学教育中作为经常选用的内容，同时，也可作为经验向同行推广。对于教师本人来说，更是能保留经验，改进不足，使科学教育的质量不断提高，同时，也促进了教师专业化发展。另外通过这样的评价过程，幼儿园及教师积累了一定的科学教育的经验和资料，也可作为今后开展教育科学研究的依据。

（三）评价是改进学前儿童科学教育的依据

众所周知，学校教育可以通过考核（测验、考试）来检查学生是否掌握了教师传授的知识，对考核不及格或成绩不够理想的学生，也可以此作为依据来对他们采取一些补救措施。教师还可以通过对考核结果的分析，找出自己教学的薄弱环节，从而及时改进。学前儿童科学教育不可能通过正式的考核来获知学前儿童学习科学的情况，以及教师自身科学教育的不当之处，但可通过评价，对以上情况作一了解，然后以此为依据，对全班儿童进行补救教育和对个别儿童进行个别教育。

总之，评价是学前儿童科学教育中不可缺少的一个部分，它对于教师的教学和学前儿童的学习两方面都是至关重要的。

第二节　学前儿童科学教育评价的内容和要求

关于评价指标体系的建构是一个比较专业、复杂的过程，这里并不作具体的阐述。本书仅对评价内容和要求进行介绍，可供参考。

一、学前儿童科学教育评价的内容

学前儿童科学教育评价的内容指的是对学前儿童科学教育的哪些方面进行评价，也即评价什么，例如，是评价学前儿童科学概念的形成水平，还是科学态度、情感的发展水平，是评价学前儿童科学素质的发展水平，还是评价教师指导学前儿童学习科学的水平。学前儿童科学教育评价的标准是指对科学教育质量要求的具体规定，即针对内容怎么评价，或者说是评价的尺度。例如，学前儿童对季节的了解程度和具体划分。评价的内容与标准构成了整个学前儿童科学教育评价的指标体系。

学前儿童科学教育评价包括两个方面的内容：一是对学前儿童科学教育活动的评价，二是对学前儿童发展的评价。

（一）对学前儿童科学教育活动的评价

学前儿童科学教育活动的评价是对活动的设计、组织、实施状况及效果进行科学的分析和判断。这样的评价既能使现有的科学教育活动正常进行，又能为未来的科学教育活动发展探寻新的生长点。

科学教育活动的评价包括对活动目标、活动内容、活动方法、活动组织形式、活动选用的教育资源、活动中的师生互动关系等方面的综合评价。

1. 科学教育活动目标的评价

活动目标是指教师期望活动所达成的教育结果。评价活动目标应从以下几个方面来进行：

第一，评价活动目标与学期目标、年龄目标以及总目标之间的联系是否一致。从理论上看，应该是每个科学教育活动目标的积累，便构成了阶段目标和终期目标，每一项活动目标的实现，都是向阶段目标、终期目标迈进一步。

第二，评价活动目标与本班学前儿童的实际是否相适应。每个不同的班级虽然在总体上符合该年龄阶段学前儿童的一般趋势，但各有不同的实际情况。有时候某个活动目标被孤立起来看时，可能是合理的，但一旦和上一级目标及本班学前儿童的实际情况联系起来看时，就有可能是不完善的或不合理的了，评价活动目标是否合理，一定要结合上一级目标和本班学前儿童的实际水平。

第三，在活动目标中是否包含了科学经验、科学方法、科学情感态度 3 方面的内容。科学教育的总目标包含了以上 3 方面的内容，在每个具体的活动目标中，也应有这 3 方面的要求。当然，每次活动的具体情况是有所不同的。例如，在了解现代科技的内容时，比较多地注重培养学前儿童的科学情感、态度方面的目标，而在了解某些非生物（如石头、沙土）的特性时，比较多地注重培养学前儿童的操作能力、智力，以及丰富科学经验等方面的目标。所以，每次活动的目标是有所侧重的，但不能完全偏废。

整个活动的设计与实施是否围绕活动目标而进行。活动目标确定以后，整个活动设计及实施应围绕活动目标来展开，如内容的选择、教师提问的设计等。

2. 科学教育活动内容的评价

活动内容是实现活动目标的手段。科学教育活动内容的评价包括内容的选择和内容的设计两个方面。活动内容的选择是指从科学教育所涉及的内容范围中去选取合适的内容；活动内容的设计是指针对所选内容，确定学习范围和深度。评价活动内容应从以下几个方面来进行：

第一，活动内容的选择是否与活动目标相一致。科学教育所涉及的内容、范围十分广泛，选什么内容的首要依据，便是根据目标来选择内容。

第二，活动内容是否符合科学性。学前儿童科学教育的目的是对学前儿童进行科学素质的早期培养，因此科学教育的内容必须具有科学性。首先，科学性是指科学活动所给学前儿童的知识应是准确的，应选取那些能被学前儿童感知的、真实的、可靠的材料，有利于学前儿童科学态度的形成。其次，科学性是指内容的处理是否突出重点、详略得当、难易适宜，并且能考虑探索对象的特点。

第三，活动内容的选择是否符合时代性。科学教育活动的一大特点就是要反映科技发展成果，时代性极强。前两年还是最新科技成果的产品（或是对某地区学前儿童来说是新产品），不多久就成为司空见惯的物品了，所以评价内容时要注意，该内容是否符合时代特征，是否增加了现代科技的含量。例如，同样是认识鸡、鸭，如果和养鸡场、科学饲养、人工孵小鸡等内容结合起来，就比单纯地介绍鸡、鸭要符合时代性。

第四，活动内容的分量是否适当。每一个科学教育活动特别是集体活动，总有一个大概时间的限制，从学前儿童的角度看，他们的注意力、兴趣在一次活动中不会维持太久，评价内容时还要看该内容的分量是否适当、有无过多或过少的现象。

第五，活动内容的来源是否考虑了来自学前儿童的生活经验，是否能关注到学前儿童的兴趣和需求，从学前儿童的关注点中生成内容。

3. 科学教育活动方法的评价

科学教育活动方法既是教师为了完成科学教育任务，实现科学教育目标所采用的工作方法，也是学前儿童在教师指导下学习科学的方法。活动方法使用得当与否，直接影响活动的开展，最终影响学前儿童学习目标的达成。评价活动方法应从以下几个方面进行：是否根据活动目标、活动内容及学前儿童实际，选择与运用生动、直观、形象的活动方法；在一次活动中，是否采用多种合适的方法；是否根据幼儿园的环境和设备条件选择合适的方法；活动方法是否能保证学前儿童积极主动参与活动，并获得发展，即不是教师灌输知识、学前儿童被动地学习的方法。

4. 科学教育活动过程的评价。

第一，活动是否采用了多种科学教育活动的组织形式。专门的科学教育活动的组织形式，从教师指导的不同程度来分析，有预定性科学活动、选择性科学活动和偶发性科学活动 3 种。从学前儿童参与活动的规模来分析，可分为集体活动和个别活动，其中集体活动又可分为小组活动和班级活动。要评价在活动中是否根据实际情况，考虑了预定性科学活动、选择性科学活动和偶发性科学活动的结合，全班、小组、个人活动的合适组织及结合。

第二，活动过程中，是否考虑了因人施教的问题。每个班中总有处于两头的学前儿童，在班级、小组、个别活动过程中，是否有为这些孩子的专门设计与指导。

第三，分组时，是否考虑了人际关系以及学前儿童的情感因素。换言之，小组活动或个别活动时，是硬性规定学前儿童的分组，还是根据学前儿童的意愿来分组。

第四，活动过程中，是否能随机调整预定的活动目标，并生成新目标，是否能根据活动开展情况，作出方法、组织形式、提问等多方面的调整。

5．科学教育活动结构的评价

活动结构是否严密，即活动的组织是否紧凑、程序严密、环节交替自然有序；是否能有效利用时间；活动的结构是否合理，即是否能根据学前儿童活动和学习的规律，注意动静交替等；活动中的每一步骤是否有效，即在科学教育活动过程中，每一步骤都应和达成目标有关，尽量减少和目标无关的环节。

6．教育资源选择与运用的评价

科学教育资源是学前儿童科学教育活动达到预期目标的物质保证。教育资源选择与运用的评价应从以下几个方面进行：是否选择了能达成科学教育活动目标、适合活动内容与切合学前儿童实际的教育资源，如教育资源是否紧扣目标、是否有趣。选用的教具、学具是否适合于科学教育活动的展开，如提供的教具是否具有典型性，学具在数量上能否保证活动的进行。选用的学具是否适合于学前儿童操作，如学具的安全性、易理解性，是否适合学前儿童的体力与能力等。活动过程中，是否最大限度地利用了教具、学具所具有的功能。

7．教师与学前儿童互动关系的评价

科学教育活动中教师与学前儿童如能处于良性的互动关系，就能从一定程度上保证科学教育活动取得尽可能的效果。教师与学前儿童互动的评价应从以下几个方面进行：是否正确发挥了教师的主导作用，例如，教师的提问是否得当、新奇、有启发性，是否富有魅力及指导意义，是否创造条件使学前儿童成为活动的主体。例如：创造宽松的心理环境，鼓励每个学前儿童积极探索，学习科学；教师与学前儿童在活动过程中的交往是否和谐融洽，是否积极主动地相互交往，如在个别孩子未能完成探索活动时，教师是采用鼓励，还是采用讥讽的语言与手段；学前儿童参与活动的态度如何，是主动积极地参与活动，还是被动地参与，甚或是成为旁观者。

（二）对学前儿童发展的评价

对学前儿童发展的评价是指通过科学教育活动，对所达到的教育效果的评价，这样的效果应体现在学前儿童的身上，即学前儿童的科学素养的提高。

1．学前儿童科学知识、经验的评价

主要评价学前儿童通过科学教育活动是否获得了相应的科学经验，是否在此基础上形成了初级的科学概念。一般能通过有计划的测量、家长问卷、观察、作品分析、面谈等方式来了解，然后再根据对资料的分析作出间接评价。学前儿童是否获取了周围物质世界的广泛的科学经验，或在感知经验基础上形成了初级的科学概念，可从以下几方面作评价：

（1）是否具有常见的自然现象（包括季节、气象、理化等自然现象）及其与人类、动植物有关系的具体经验或初级的科学概念。

（2）是否具有关于周围环境（有生命物质和无生命物质，包括人类自身）及其相互关系的具体经验或初级的科学概念。

（3）是否具有与学前儿童自己生活有关的科技产品及其对人类有影响的具体知识。

2. 学前儿童科学方法及能力的评价

主要评价学前儿童探索周围世界和学科学的智力技能与方法的发展水平。

评价的内容包括：

（1）学前儿童是否了解各种感官在获取信息中的作用；是否学会使用感官的方法，及有顺序观察的方法。

（2）是否能在一组物体中，按照事物的一个或两个特征挑选出有关物体；是否能按照指定的标准，将给予的一组物体进行分类；是否能以自己规定的标准进行分类。

（3）是否能以观察的方法和非正式量具测量物体；是否能尝试用正式量具测量物体。是否能对一些物体进行比较、分析、抽象和概括；是否有遇事思考的习惯。

（4）是否能以语言、体态、绘画、塑造等手段，表达交流科学探索活动中的发现、获得的经验和问题，以及探索的过程和方法。

3. 学前儿童科学情感和态度的评价

主要评价学前儿童对周围世界的好奇心、探索周围世界和学习科学的兴趣，以及学前儿童关心、爱护自然和环境的积极情感和态度。

评价的内容包括：是否对周围环境中的新异刺激产生惊异，作出积极的反应，并能集中注意力，感知、观察、操作物体，提出问题，寻求有关信息和答案；是否对自然界和科学活动感兴趣；是否喜欢观察、探索自然界，积极参与科学活动，谈论自然界和科学活动，并在活动中表现出愉悦的情绪；是否关心自然界，爱护、保护动植物和周围环境；是否有初步的环保意识，并对生命充满崇敬和关爱。

二、学前儿童科学教育评价的要求

《幼儿园指导纲要》明确指出：“教育评价是幼儿园教育工作的重要组成部分，是了解教育的适宜性、有效性，调整和改进工作，促进每一个幼儿健康发展，提高教育质量的必要手段。”那么，如何运用教育评价指导学前儿童科学教育，促进幼儿主动、生动活泼地发展呢？

在科学教育活动评价中教师要协调和处理好科学教育活动方案、科学教育活动实施效果和幼儿在科学教育活动中的发展水平之间的关系。在科学教育活动方案评价中又要处理和协调好活动目标、活动内容、活动所用的材料与所在环境、组织指导策略 4 个方面之间的关系；在科学教育活动实施效果评价中要处理和协调好幼儿的发展和过程中教师的指导、幼儿的表现及目标完成情况之间的关系。在幼儿科学教育活动评价中教师应注意：

第一，评价要经常化。幼儿园各种类型的科学活动是经常进行的，例如，教师组织的有计划的和随机的科学活动，幼儿在科学区等环境中进行的游戏活动。因此，对科学教育活动的评价应该是教师经常性的工作，它既有利于教师自身的专业成长，又有利于教师及时调整教育目标促进幼儿的发展。

第二，评价以促进学前儿童的发展为目的。要用发展的眼光看待儿童。"我们的评价是要了解、判断幼儿当前的水平，并为进一步引导和促进学前儿童的发展提供依据，而不是要判断学前儿童智商的高低，给学前儿童标上上、中、下或好、中、差的标签"。

第三，评价要接纳和尊重差异。对儿童而言，每一个儿童都有自己的特点，儿童之间有很大的个体差异，而且，年龄越小，差异就越大。他们发展的优势领域、发展的起点、发展的速度和最终达到的发展水平都有很大的差异。他们的学习兴趣、思维特点和学习方式也各不相同。我们要尊重儿童的这些差异，尽可能少地作横向比较，更多地看到他们在原有水平上的发展和进步。

第四，要结合学前儿童真实具体的探究活动评价学前儿童的发展。长期以来，在幼儿园科学教育实践中，教师使用最多的是根据评价功能和运行时间划分的评价方式，即诊断性评价和终结性评价。教师往往注重在学期初为了解学前儿童的基础水平而进行的诊断性评价和学期末为了解学前儿童本学期的发展水平所进行的终结性评价。而对于学前儿童在科学探究方面的发展进程了解较少，对于学前儿童在每次探究活动中获得了什么发展和怎样获得发展的，重视不够。因此，"评价者必须树立发展性、全面性、科学性的评价观，要学会关注并评价学前儿童在自发的个别的活动中，在教师组织的集体的活动中，学前儿童的科学探究能力和科学精神品质的表现，通过自然观察学前儿童的行为、倾听学前儿童的自言自语及同伴间的交流，通过与幼儿的交谈与询问等多种方式，全面了解学前儿童的发展状况，从而有效地促进教师自身和学前儿童的共同发展。"

第三节　学前儿童科学教育评价的方法

科学教育评价的方法实质上是指搜集资料信息的方法，也包括如何将资料信息进行记录的方法。可用于学前儿童科学教育评价的方式有很多种，例如，按评价的范围，可以将评价分为宏观评价、中观评价和微观评价；按评价的基准，可以将评价分为相对评价、绝对评价和个体内差异评价；按评价的层次，可以将评价分为分析评价和综合评价；按评价的主体，可以将评价分为自我评价和他人评价；按评价的功能，可以将评价分为诊断性评价、形成性评价和总结性评价；按评价中是否采用量化方法，可以将评价分为量化评价和非量化评价等。而以上方法还可以进一步细分。其中，学前儿童科学教育中常用的评价方式有观察法、访谈法、问卷法、测试法和作品分析法等。

一、观察法

科学教育评价中的观察法就是有目的、有计划地对被评价者行为进行现场观察或测量，并对观测结果作出评定的一种方法。观察法包括行为核对、情境观察两种类型。

1．行为核对

行为核对的方法就是在观察之前，依据评价的内容确定观察的目标，并制成一份观察行为核对表，将要观察的行为列在表中。评价者根据观察到的事件或行为，对照观察核对表中的各个项目逐条检核，在符合的条目上做记号，并进行评定的一种方式。

行为检核可以通过现场的观察和记录进行，也可以通过面对面的测试进行，向儿童提出指定的问题，观察其对问题的行为反应，并作出评判。

【例 1】通过现场观察进行行为核对的评价实例。

我们在科学发现室中放了两只小鸡、小鸭，观察儿童对它们的行为反应，同时用行为核对表记录儿童的行为。

儿童对小鸡、小鸭的行为核对表

姓名	远看	近看	用手抚摸	用手抓、捏	模仿动物叫声	喂食	用语言逗引	和同伴谈论	说出动物的特征	说出鸡和鸭的区别	显露高兴表情	其他行为表现	备注

注：在出现的行为上打“√”，表中未提到的行为，补充在备注栏。

通过现场的观察并填写行为核对表，我们就可以得到一份儿童对待小动物的行为记录。从中可以进行很多方面的分析：儿童的好奇心，对小动物的兴趣，对小动物的感情，以及儿童的观察能力等。

【例 2】学前儿童科学探究能力核对表。

姓名	对自然现象的兴趣		感知特征的能力		对物体分类		喜欢探索		观察动植物		照顾动植物		做小实验		气象记录		持续性探究		语言交流	
	能	不能	能	不能	能	不能	能	不能	能	不能	能	不能	能	不能	能	不能	能	不能	能	不能

行为核对的优点是记录时较简便，只需要在每种行为的条目后面给出“达到”和“未达到”或“能”和“不能”等两种选择，而且因为是量化的方法，统计分析比较容易。其

缺点在于事先要决定所要观察的行为类型，抽取一定数量的具体行为，制成核对表，制表的工作耗时较多，也比较困难。行为核对的方式实质上就是一种自然观察。

2. 情境观察

情境观察是事先创设一种情境，以此引发评价者想要观察到的学前儿童的行为，从而来测试评价学前儿童发展水平的一种方式。

例如，想了解学前儿童发现事物不同特征的能力水平，其观察目标是学前儿童能否在观察中迅速发现两个事物的不同之处，以及学前儿童的此种观察是否受到任务的指引。评价者先选择学前儿童若干名（可以有不同年龄学前儿童作比较），让他们同时观察一只小兔子、一只小羊，但并不说明观察要求，5 分钟后将动物藏起来，要求学前儿童说出动物的各自特征与两者之间的不同之处。第二次先向学前儿童提出要求，继续观察 5 分钟后，然后让学前儿童说出两个动物的不同之处。用此种方法来评价学前儿童的观察能力。

情境观察的优点是能够测量学前儿童发展水平的不同层次，并且由于此种观察测量是在情境控制的情况下进行的，其观察效果较好，因此被越来越广泛地使用。情境观察也有缺点，其缺点就在于如何创设一个很好地体现评价目标的情境，这一点相对较难把握。情境观察也需要评价者如实地、快速地对学前儿童的反应进行记录，在这一点上，是与自然观察相同的。

二、问卷法

问卷是由评价对象通过书面形式提供给评价者有关被评价者个人行为和态度的一种方式。问卷是以一套问题询问某个人，评价者因为没有机会直接观察到行为的出现，所以就运用一套已设计好的问题，去询问某位有自然机会观察到被评价者的人。被询问者通常是和被评价者生活在一起或有比较多的接触机会的人，他们平常就有机会看到被观察者的这些行为，如被观察者的父母、老师等。

在学前儿童科学教育评价中，这样的方式主要用于对家长、教师、园长等成人的评价。问卷法是在询问的问题下，把可能发生的答案（行为）列举出来，并以“其他”作为最后一个答案，以避免所列举之疏漏。让填答者在适合的选项上打钩。问卷法的最大优点在于简便易行，能在比较短的时间内搜集到较为广泛的资料，而且又便于整理和统计分析，因此，在向家长、教师进行评价时，往往会采取这样的方式。

问卷调查的关键在于问卷的设计和编制。为了取得满意的调查结果，在设计问卷时，应该注意选择恰当的题型。一般来说，填空题、选择题、判断题、排序题都是比较便于作答的题型，而且比较容易统计，而问答题是让调查对象按照自己的想法自由作答的问题，不仅回答费时，而且结果难于处理，所以尽量少用问答题，除非是那些很有必要深入了解或者调查者心中无数、需要摸底的问题。

为获得相对准确有价值的调查资料，问卷中问题和答案的设计相当重要。一般来说，问题的形式有开放式问题、封闭式问题、半开放半封闭式问题。在问题和答案设计过程中要遵循一些要求：

1．问题设计的要求有：围绕调查项目进行；应具体明确；避免复合性问题；避免带有倾向性和诱导性问题；不要直接提问具有敏感性或威胁性的问题。另外，在问题的表述方式上也要精心考虑。比如，在词语的使用上，要考虑调查对象的知识背景。如果是对家长的调查，要尽量采用简短、明确的话语。调查者提出的问题不能带有暗示性，更不能带有倾向性，以免出现调查对象“讨好”调查者的现象。

2．答案设计的要求有：符合实际情况；具有穷尽性和互斥性；答案只能按一个标准分类；程度式答案应按一定顺序排列，前后须对称，间距相等。问题设计好后，要进行呈现，题目呈现的方式常常会影响调查对象的选择，因而需注意以下几点：

（1）题目的排列顺序：应当以简单的事实性问题（或易于引起被调查对象兴趣的问题）作为开头，复杂的或敏感的问题应放在靠近结尾的地方。总之，注意题目排列顺序要以自然的、有逻辑的、谈话的方式呈现。

（2）题目与答案的空间位置：问题与列出的该题的答案应相对靠近、集中，避免填答者漏读某些部分而影响选择的客观性。

（3）指示语的呈现：指示语应放在显赫易见处，常可用黑体字或方框列出，表示与题目相区分。

（4）同类性质的问题应排列在一起，以利于调查者思考。

（5）可以相互检验的问题必须分隔开，否则起不到互相检验和验证的作用。

例如，以下是一项用于对家长的问卷表。

学前儿童好奇心与兴趣调查表

1．他（她）经常向父母提出各种问题吗？		
A．很少	B．有时	C．经常
2．他对不懂的事是否追根究底地询问？		
A．很少	B．有时	C．经常
3．当您带他外出参观、浏览时，他对自然界的变化或未见过的事是否感兴趣，不但向父母提问，而且要仔细观察？		
A．很少	B．有时	C．经常
4．他喜欢摆弄家里的各种物品以了解它们的特性吗？		
A．很少	B．有时	C．经常
5．他在听父母讲自己不知道的事情时很专心吗？		
A．很少	B．有时	C．经常
6．他玩一种玩具或进行一种感兴趣的活动时能持续15分钟吗？		
A．很少	B．有时	C．经常
7．他是否曾向父母提出过以下各类问题？（在提过的问题旁打“√”）		
（1）动物	（2）植物	（3）人的身体
（4）自然现象	（5）时间	（6）生物进化
（7）宇宙	（8）气象	（9）地理
（10）数概念	（11）文艺作品	（12）日用品
（13）食品	（14）交通	（15）建筑
（16）工农业	（17）军队	（18）家庭
（19）体育	（20）周围人的活动	（21）物理化学现象

A．提问过 10 种以下问题 B．提问过 11～14 种问题 C．提问过 15 种以上问题并复习与思考

三、访谈法

访谈法是通过评价者与被评价者当面问答来获取信息的一种搜集评价资料的方法。由于访谈获得的资料比较难以标准化，而且访谈的进行费时费力，难以取得大样本的资料，过去一般很少用它作为搜集资料的主要方法，只是用来验证采用其他方法搜集的资料的真实性，或者补充其他方法搜集到的资料的不足。近年以来，由于定性研究越来越受到推崇，访谈方法的应用也越来越普遍。在科学教育评价中，一般比较多地用于认知范畴的评价，包括知识经验的回忆和能力的评价，学前儿童对科学事实、科学概念的理解、回忆，学前儿童运用能力，等等。

访谈法通常以提问、回答、讨论等形式出现，可以进行小组访谈，即和几个访谈对象同时进行，也可以个别访谈。可以进行封闭式的访谈（限定问题的访谈），也可以进行开放式的访谈。在访谈中要注意问题不能太多，尽量避免提出和主题无关的问题。提问题时，要先从一般性的问题开始，逐渐深入具体的问题。

对学前儿童来说，访谈是最让他们感到轻松的方法。因为是在一种平等的气氛中进行访谈，儿童可以表露出他的真实想法。在学前儿童科学教育的评价中，我们应该充分利用访谈的方法获取评价资料。

一位教师在了解儿童心中的“虫子”概念时，就运用了访谈的方法。她拟出了几个中心问题，和儿童进行交谈：

“你喜欢虫子吗？为什么？”

“你知道哪些虫子?”

“蜜蜂、蚊子、苍蝇……是虫子吗？为什么？”

通过交谈，她甚至发现儿童有很多想法，是自己不曾知道的。比如她和某一个幼儿的谈话是这样的：

“你喜欢虫子吗？”

“不喜欢。”

“为什么不喜欢？”

“虫子不好，会咬人。”

“你知道哪些虫子？”

“我知道好多虫子，就是不知道名字。”

“蚂蚁是虫子吗？”

“蚂蚁不是虫子，它就是蚂蚁。”

“蚊子是虫子吗？”

“蚊子是虫子，它会咬人。”

"苍蝇是虫子吗？"

"苍蝇也是，它会咬人。"

在这位儿童的心中，实际上把虫子定义为会咬人的东西。而只有通过谈话的方法，才能如此真切地了解儿童的这些想法。

访谈法也可应用于教师、家长等对象。相比前面两种方法，访谈法更直接，更富有人情味，因而也更便于评价者从中获取真实的资料。比如，想要全面地评价学前儿童对自然界的情感和态度，固然可以通过观察的方法，但是通过观察得到的资料有很大的局限性，特别是不能看出学前儿童在日常生活中表现出的对自然界的情感和态度。这时就可以通过对教师和家长的访谈，了解学前儿童平时在幼儿园中所表现出的对大自然的情感和态度，了解学前儿童在家中是否表现出对自然的关注，等等。

四、作品分析法

作品分析法是根据学前儿童的各种作品（图画、泥塑、所编故事、儿歌等）分析学前儿童科学素养发展水平的一种方法。例如，通过对学前儿童观察记录的分析，了解学前儿童对科学现象的观察水平。如教师安排任务，从×月×日起，每晚观察月亮盈亏现象并作记录，然后将记录拿到幼儿园，以此分析学前儿童观察的细致性等水平，同时还可了解学前儿童坚持性、自制力等个性品质的发展情况。

作品分析法的优点在于资料较易搜集。其缺点也很明显，即往往不能系统、完整地了解学前儿童的科学素质发展水平，因此需要结合其他方法进行。

以上各种评价方法一般都可用于对教师指导科学教育活动的评价。例如，自然观察用于观察教师的教学活动。

××幼儿园科学教育活动记录表

<table>
<tr><td>教师</td><td></td><td>班级</td><td></td><td>日期 / 时间</td><td>年　月　日</td></tr>
<tr><td>活动内容</td><td colspan="5"></td></tr>
<tr><td colspan="6">科学活动记录</td></tr>
<tr><td>分析意见</td><td colspan="5"></td></tr>
<tr><td colspan="6">评价人：</td></tr>
</table>

又如，行为核对的方法用于教师的教学活动。

教师对学前儿童偶发性科学活动态度的行为核对表

教师表现	能	不能
学前儿童在自由地活动时，教师能注意观察		
能发现学前儿童的科学探索活动		
能提供必要材料供学前儿童使用		
能与学前儿童一起观察科学现象		

能与学前儿童一起讨论		
当学前儿童有疑惑时能及时给予学前儿童一些解答或指导		
能向学前儿童提出一些问题供学前儿童参考		
能在学前儿童感到困难时，鼓励学前儿童坚持下去		
能支持学前儿童将科学探索延伸下去		

教师　　班级　　时间　　评价人

思考题

1．什么是学前儿童科学教育评价？它的意义有哪些？
2．根据不同的分类标准，学前儿童科学教育评价分为哪几方面？
3．如何对学前儿童的发展进行评价？
4．什么是观察法，观察法有哪些类型？
5．什么是测试法，测试法分为哪几类？
6．自选一种评价方法尝试设计及运用。

参考文献

[1] 罗伯特 · E · 洛克威尔，伊丽莎白 · A · 舍伍德，罗伯特 · A · 威廉姆斯，等. 科学发现——学前儿童的探究活动之一 [M]. 廖怡，彭霞光，曾盼盼，译. 北京：北京师范大学出版社，2005.

[2] 戴维 · A · 温尼特，罗伯特 · A · 威廉姆斯，伊丽莎白 · A · 舍伍德，等. 科学发现——幼儿的探究活动之二[M]. 刘占兰，易凌云，曾盼盼，译. 北京：北京师范大学出版社，2005.

[3] 李建君. 区角 儿童智慧的天地[M]. 上海：上海社会科学出版社. 2005.

[4] 施燕. 学前儿童科学教育[M]. 上海：华东师范大学出版社，2006.

[5] 孙可平. STS 教育论[M]. 上海：上海教育出版社，2001.

[6] 张俊. 学前儿童科学教育[M]. 北京：人民教育出版社，2005.

[7] 中华人民共和国教育部. 幼儿园教育指导纲要[EB]，2001.

[8] 朱家雄. 幼儿园课程[M]. 上海：华东师范大学出版社，2003.

[9] 朱家雄. 学习活动 5～6 岁（学前教育教师参考用书）[M]. 上海：上海教育出版社，2002.

[10] 李季湄. 关于幼儿园课程的几个问题——幼儿园教育目标、课程目标及其课程模式[J]. 学前教育研究，2001 (1).

[11] 秦旭芳，庞丽娟. “做中学”科学教育的主要理念[J]. 湖南师范大学教育科学学报，2004 (11).

[12] 刘济良. 生命教育论[M]. 北京：中国社会科学出版社，2004.

[13] 刘彤. 亲历美国幼儿教育（之三）——幼儿园的死亡教育[J]. 早期教育，2004 (11).

[14] 刘占兰. 法国“动手做”科学教学试验计划[J]. 幼儿教育，2003 (21).

[15] 王萍，丁奕. 幼儿探究性学习活动中的教师角色[J]. 学前教育研究，2006 (3).

[16] 王云峰，冯维. 论幼儿生命教育的可行性及实现途径[J]. 幼儿教育：教育科学版，2006 (6).

[17] 吴增强，张声远. 生命教育解读[J]. 思想 · 理论 · 教育，2005 (3).

[18] David R.Shaffer. 发展心理学——儿童与青少年[M]. 6 版. 邹泓，等，译. 北京：中国轻工业出版社，2005.

[19] 鲁道夫 · 谢弗. 儿童心理学[M]. 王莉，译. 北京：电子工业出版社，2005.